GRANDS TEXTES

sous la direction de Céline Thérien

Tristan et Iseut

Version de Joseph Bédier

Notes, questionnaires et synthèses
établis par **Frédéric D'ANJOU**,
professeur au collège Gérald-Godin

Direction de l'édition
Isabelle Marquis

Direction de la production
Danielle Latendresse

Direction de la coordination
Rodolphe Courcy

Charge de projet
Sophie Lamontre

Révision scientifique
Élyse Dupras (Collège de Maisonneuve)

Révision linguistique
Nicole Lapierre-Vincent

Correction d'épreuves
Marie Théorêt

Conception et réalisation graphique
Interscript

Illustration de la couverture
André Dubois

Les Éditions CEC inc. remercient le gouvernement du Québec de l'aide financière accordée à l'édition de cet ouvrage par l'entremise du Programme de crédit d'impôt pour l'édition de livres, administré par la SODEC.

Tristan et Iseut, collection *Grands Textes*
© 2009, Les Éditions CEC inc.
9001, boul. Louis-H.-La Fontaine
Anjou (Québec) H1J 2C5

Dépôt légal : 2009
Bibliothèque et Archives nationales du Québec
Bibliothèque et Archives Canada

ISBN 978-2-7617-2630-6

Imprimé au Canada
1 2 3 4 5   13 12 11 10 09

Imprimé sur papier contenant 100 % de fibres recyclées postconsommation.

sommaire

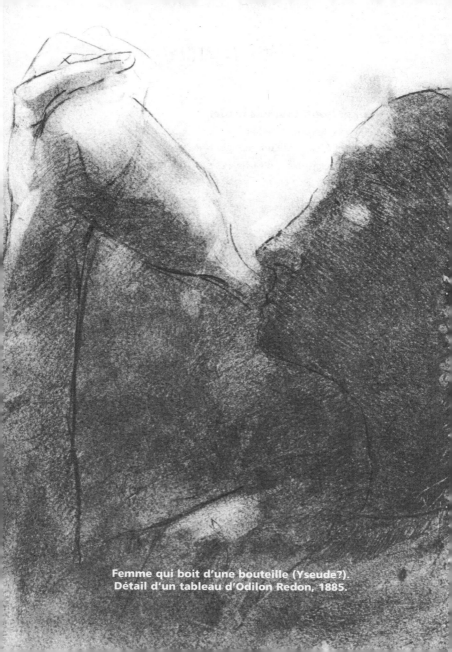

Femme qui boit d'une bouteille (Yseude?).
Détail d'un tableau d'Odilon Redon, 1885.

Présentation

Pourquoi ne pas lire aujourd'hui un roman qui a traversé le temps depuis le Moyen Âge ? Pourquoi Tristan et Iseut *a-t-il inspiré tant d'écrivains depuis le XIIe siècle ?*

Le XXIe siècle éprouve une véritable fascination pour les récits merveilleux qui propulsent les héros dans des quêtes périlleuses où créatures fantastiques et dangers mortels peuvent surgir au détour d'un chemin. La popularité certaine des adaptations cinématographiques du *Seigneur des anneaux* et des *Chroniques de Narnia*, de même que le succès de la série *Amos d'Aragon* en témoignent. L'engouement pour des romanciers comme J.R.R. Tolkien, C.S. Lewis ou Bryan Perro au Québec va de pair avec l'attrait grandissant du public pour cette période vaste et fascinante qu'est le Moyen Âge.

Pour apprécier le Moyen Âge et mesurer tout ce que les auteurs modernes ont emprunté à cette époque lointaine, il faut comprendre sa contribution à la civilisation.

Tristan et Iseut fait partie de ces œuvres phares ayant marqué le monde occidental et dont les attraits sont multiples. Récit merveilleux, récit d'amours contrariées, *Tristan et Iseut* raconte l'histoire d'une passion interdite entre deux amants rebelles qui incarnent tous les excès de la jeunesse à travers la poursuite d'une idylle impossible. *Tristan et Iseut*, c'est l'histoire du brave Tristan et d'Iseut la blonde qui, contre vents et marées, sous le regard inquisiteur de leurs ennemis, tentent de vivre dans leur chair et leur âme cet amour plus fort que la mort.

Depuis la première fois que cette légende a été portée à l'écrit par Béroul entre 1150 et 1190, la fascination pour la passion interdite de ces deux amants ne cesse de grandir, si bien qu'un second auteur, Thomas (1173), en propose une version adaptée à l'esprit de la courtoisie*, ce nouvel art d'aimer qui gagne la faveur des publics lettrés des cours d'Europe au XIIe siècle et dont les principaux aspects sont la supériorité de

*: Cf. Glossaire

la dame et la soumission du chevalier. Quant à la présente version, constituée par Joseph Bédier en 1900 à partir de manuscrits des XIIe et XIIIe siècles, elle témoigne de la pérennité de la légende au début du XXe siècle. Bédier, médiéviste réputé, a fusionné les fragments de manuscrits ayant échappé aux ravages du temps pour produire une version complète de *Tristan et Iseut*, rendant ainsi accessible une histoire mythique méconnue jusqu'alors.

Nul doute que l'histoire de Tristan et Iseut a conquis le public médiéval en raison de l'image avantageuse qu'elle offrait de son public cible : la noblesse. Le prince qui entendait la légende tragique du couple pouvait s'identifier à un héros comme Tristan, chevalier noble et courtois, qui lui offrait un certain reflet de lui-même, tandis qu'une toute jeune fille pouvait se reconnaître en Iseut. Mais ce qui a tant fasciné dans le roman de *Tristan et Iseut*, ce qui explique sa place unique au sein du panthéon des classiques littéraires, c'est la transgression à laquelle s'adonnent les protagonistes : Tristan, en dépit de ses qualités chevaleresques, trahit son oncle et, pire encore, son roi lorsqu'il cède à sa passion pour Iseut ! Que dire d'Iseut qui trompe l'homme à qui elle a été promise en mariage, et cela, avant même de l'avoir rencontré !

En plus de la renommée acquise durant le Moyen Âge, la postérité de *Tristan et Iseut* ne s'arrête ni à cette époque ni au seul domaine littéraire. Côté musical, le compositeur Richard Wagner a récupéré la légende dans son opéra *Tristan und Isolde* (1865). Et pas moins de six versions cinématographiques de *Tristan et Iseut* ont été produites au XXe siècle, dont le chef-d'œuvre de Jean Cocteau, *L'Éternel retour* (1943).

Le vingt et unième siècle n'est pas en reste avec la sortie de deux longs-métrages sur les amants célèbres. En 2002, un film d'animation de Thierry Schiel a été lancé sur les écrans, puis une version hollywoodienne a pris d'assaut les cinémas en 2006.

Ainsi, la popularité de la légende tristanienne à elle seule ne peut que confirmer notre désir de lire l'œuvre. Que justifie une telle popularité ? D'abord la beauté et l'universalité du récit. Nos deux amants constituent l'archétype de l'amour-passion, de l'amour qui surmonte toutes les épreuves, même la mort. Et comme le phénix qui renaît de ses cendres, la ronce verte qui réunit le couple à la fin du récit symbolise, par son insécabilité, cette éternité.

En outre, si cette passion touche tant au Moyen Âge qu'au XXIe siècle, comme en témoignent les adaptations modernes, c'est qu'elle est atemporelle, qu'elle illustre des aspirations communes à tous les hommes : l'amour et l'immortalité. Lire *Tristan et Iseut* nous permet non seulement de mieux connaître les anciens, mais de nous rendre compte que les aspirations fondamentales, comme le désir, n'ont guère changé au fil des siècles. On aspire tous, en ces temps modernes, à un amour dont le modèle idéal remonte à près de mille ans...

Enfin, *Tristan et Iseut* possède toutes les qualités pour fasciner un jeune lecteur parce que les héros sont de jeunes adultes vivant une passion interdite par leur entourage. En outre, les épreuves à surmonter pour enfin s'aimer exigent de la ruse, de l'intelligence, de l'abnégation, quand elles ne sont pas de l'ordre du merveilleux.

Tristan et Iseut, toujours actuel

Genèse de l'œuvre

> **Comment cette histoire a-t-elle pu parvenir jusqu'à nous ?**

Le travail érudit de Joseph Bédier

La présente mouture de *Tristan et Iseut* n'a jamais existé sous cette forme au Moyen Âge. Elle est le fruit d'un savant travail d'assemblage de quelques manuscrits ayant survécu à la destruction.

Ce véritable travail de moine, consistant à mettre en commun des versions qui pouvaient varier selon les manuscrits, a été accompli en 1900 par Joseph Bédier. La tâche n'était pas de tout repos ! Comment réunir des fragments de textes, copiés par différents clercs*, qui puisaient dans un fonds de légendes anciennes, transmises oralement depuis des temps immémoriaux ? Comment produire une version complète de *Tristan et Iseut* alors que ces clercs pouvaient remanier l'histoire chacun à leur façon (les droits d'auteur n'existaient pas au Moyen Âge) ? Béroul lui-même affirme d'ailleurs qu'il a parfaitement gardé en mémoire la légende, lui qui attaque d'autres conteurs en les traitant de rustres : « Li conteor dïent qu'Yvain / Firent nïer, qui sont vilains ; / N'en sevent mie bien l'estoire, / Berox l'a mex en sen mémoire[1]. »

Clerc

Personne qui a fait des études et qui appartient à l'élite intellectuelle, car elle sait lire et écrire (au Moyen Âge, la majorité de la population est illettrée). Le clerc ne relève pas obligatoirement du clergé et n'est pas toujours prêtre.

---

1. Traduction de Daniel Lacroix et Philippe Walter : « Les conteurs disent que les deux hommes firent noyer Yvain mais ce sont des rustres ; ils ne connaissent pas bien l'histoire. Béroul l'a parfaitement gardée en mémoire. » *Tristan et Iseut. Les poèmes français. La saga norroise*, Paris, Le Livre de poche, 1989, p. 80-81.

* : *Cf.* Glossaire

Genèse de l'œuvre

Pour réaliser ce colossal projet de fusion des manuscrits, Bédier s'est plongé dans l'étude de treize fragments des XIIe et XIIIe siècles afin de les comparer, d'en dégager une ligne directrice et de sélectionner les épisodes les plus susceptibles de plaire au lecteur de son époque, tout en restant fidèle aux fragments restants et dont l'histoire, volatile, s'est propagée de bouche à oreille depuis la nuit des temps. Parmi ces versions amputées, celles de deux principaux auteurs lui ont servi de modèle : Béroul et Thomas.

On ne connaît pour ainsi dire rien de la vie de Béroul, auteur de la plus ancienne version de la légende. Clerc à la cour anglaise d'Henri II et d'Aliénor d'Aquitaine, Béroul aurait rédigé sa version entre 1150 et 1190. Amputé du début et de la fin, ce fragment ne contient que 4 000 vers. De nos jours, la critique considère que sa version est la plus ancienne, car son histoire témoigne d'une plus grande rudesse de mœurs.

Quant à la version de Thomas d'Angleterre, incomplète puisqu'elle contient seulement 3 000 vers, on la fait remonter à 1173. Comme son contemporain, Thomas a rédigé en terre anglaise une version que l'on croit postérieure, car plus influencée par la tradition courtoise. Dans cette version, on constate des différences, dont la durée de l'effet du philtre qui persiste jusqu'à la mort des amants (Béroul en avait circonscrit les effets à trois ans).

Il est vrai que nous ignorons tout des deux premiers clercs qui ont immortalisé sur manuscrit la légende de *Tristan et Iseut*, mais nous savons que Béroul et Thomas font partie de la première génération d'auteurs anglo-normands* du XIIe siècle, période qui voit la naissance de ce nouveau genre littéraire qu'est le roman, genre encore fortement influencé par la chanson de geste*,

Anglo-normand

Dialecte de l'ancien français parlé au Moyen Âge par la cour anglaise, depuis l'accession au trône de Guillaume le Conquérant, un Français originaire de Normandie (1066).

Chanson de geste

Genre littéraire apparu au XIe siècle et inspiré de l'épopée antique ayant pour but la mise en valeur des chevaliers français dans le cadre des guerres saintes qui les opposent généralement aux Sarrasins, c'est-à-dire les Arabes.

* : Cf. Glossaire

Lyrísme

Moyen d'expression des sentiments personnels de manière exaltée. La poésie lyrique privilégie des thèmes liés aux émotions : amour, mort, communion avec la nature. L'objectif est de remuer les passions.

À retenir

la poésie lyrique* et surtout la culture orale. En effet, Béroul et Thomas ne sont pas les « inventeurs » de la légende tristanienne. Ils mettent plutôt sur parchemin une histoire appartenant au folklore universel et dont la paternité est impossible à revendiquer. Et parce que l'histoire est issue de la tradition orale, parce que Béroul et Thomas peuvent avoir « entendu » différentes versions, cela explique les variantes dans les récits. Quand Béroul écrit le roman de *Tristan et Iseut*, chose certaine, il veut faire en sorte que cette histoire demeure à jamais dans la mémoire collective.

> • La version de Joseph Bédier (1900) est un assemblage de plusieurs manuscrits des XIIe et XIIIe siècles, parmi lesquels figurent ceux de Béroul et de Thomas, deux clercs œuvrant à la cour anglaise des Plantagenêt.

Description de l'époque : l'Europe médiévale au XIIe siècle

Faut-il connaître la société médiévale pour comprendre Tristan et Iseut ?

Quelques renseignements préliminaires

Le terme « Moyen Âge » est d'emblée péjoratif, car au cœur même de son appellation figure le terme

* : *Cf.* Glossaire

« moyen » signifiant « qui se trouve au milieu ». Le Moyen Âge est donc cette phase intermédiaire comprise entre deux périodes perçues comme des âges d'or, l'Antiquité et la Renaissance. Encore aujourd'hui, de l'Antiquité, on garde en mémoire ses illustres philosophes (Socrate, Platon, Aristote), ses conquérants (Alexandre, Hannibal) et ses grandes idées ou inventions (démocratie, christianisme, écriture). Quant à la Renaissance, elle porte en son nom la croyance selon laquelle le XVIe siècle s'est éveillé d'une longue torpeur ayant perverti le savoir antique. Ce sont d'ailleurs les savants de la Renaissance qui ont qualifié de « moyen » ce millénaire débutant à la chute de l'Empire romain d'Occident (476) et se soldant par la prise de Constantinople (1453), capitale de l'Empire romain d'Orient. Ajoutons qu'en plus de 1453, les historiens proposent deux autres dates pour clore le Moyen Âge : 1450, date approximative de l'invention de l'imprimerie par Gutenberg, et 1492, année de la découverte de l'Amérique par Christophe Colomb.

En ce qui concerne la littérature française, elle apparaît à l'automne de ce vaste Moyen Âge, soit au XIe siècle, peu après l'émergence de la langue française dont les premières traces sont consignées dans un texte législatif daté de 842.

De nos jours, deux visions du Moyen Âge s'affrontent dans notre imaginaire : celle plus sombre, obscurantiste, marquée par les pestes, les famines, les guerres et les bûchers ; et celle d'une période haute en couleur, dominée par le faste des tournois, des fêtes et des joutes amoureuses. L'opinion des hommes du XVIe siècle, faisant du Moyen Âge un âge médiocre, perdure en dépit du fait que c'est pourtant au Moyen Âge que sont conservés et traduits les écrits des anciens et inventés nombre d'objets et d'institutions comme la chevalerie, la poudre à canon, les armes de tir, les universités, le système bancaire moderne, etc. Le Moyen Âge est une période novatrice dans plusieurs domaines.

Dans les pages suivantes, on explorera les principaux aspects sociohistoriques de cette époque en accordant une attention particulière au XIIe siècle qui voit porté à l'écrit le roman de *Tristan et Iseut.*

Les contextes religieux et culturel au Moyen Âge

La société médiévale diffère des périodes moderne et postmoderne à maints égards. Au Moyen Âge, en particulier aux XIIe et XIIIe siècles, la connaissance est étroitement liée à la religion, en particulier à la Bible, dont la lecture symbolique est très importante et déborde dans le rapport au monde : les chiffres, en l'occurrence, sont des absolus qui renvoient à des références partagées par tous et appartenant à la culture universelle (le 3 pour la Sainte Trinité, le 4 pour la croix et les éléments − eau, terre, feu, air −, le 7 pour les planètes connues à l'époque et l'idée de perfection).

Dans cette société, la différence entre croyance et superstition est donc parfois ténue : les gens du Moyen Âge croient fermement en Dieu et aux démons ; nombreux sont ceux qui croient aussi volontiers à l'existence des dragons (pensez à celui que combat Tristan en Irlande) et des fées (elles se cachent près des points

La Dame du Lac donnant l'épée Excalibur au roi Arthur.

d'eau, en forêt, dans les buissons, sous les rochers…). Par conséquent, le merveilleux n'est pas généralement perçu comme il l'est maintenant, c'est-à-dire une fiction de l'esprit appartenant au folklore. Dans ce XIIe siècle où domine l'oralité à travers les contes et les légendes et où la science demeure à l'état embryonnaire, magie et surnaturel sont intégrés aux croyances et au quotidien. Même de nos jours, les superstitions n'ont-elles pas laissé une marque profonde dans l'esprit des gens ? N'est-il pas encore de mauvais augure de rencontrer un chat noir, de passer sous une échelle, de briser un miroir, de laisser échapper une salière…

Au Moyen Âge, en dépit des efforts de l'Église, les évangélisateurs de l'Angleterre n'ont guère réussi à enrayer totalement les superstitions ; c'est la raison pour laquelle ils ont privilégié une approche moins brutale pour christianiser les légendes païennes ou les lieux réputés magiques. Par exemple, alors que les paysans anglais, influencés par des croyances d'origine celtique*, se recueillaient dans des lieux sacrés censés abriter fées ou elfes, les chrétiens se sont empressés d'y ajouter de l'eau bénite ou des reliques pour favoriser l'acculturation de ce folklore. Autre exemple amusant : les missionnaires vont même jusqu'à tailler des menhirs en forme de croix ou à transformer des monuments funéraires païens en chapelle dédiée à sainte Vénus !

Chose certaine, le bas Moyen Âge (XIIe-XVe s.) est témoin de l'hégémonie de l'Église chrétienne, bien que de nombreuses régions voient cohabiter cette foi, désormais dominante, avec les réminiscences des croyances et des superstitions païennes antérieures au christianisme.

Celtique

Les Celtes sont un peuple, riche de mythes et de coutumes, ayant vécu dans l'Antiquité. Ils occupent toute l'Europe occidentale et centrale au cours du 1er millénaire avant notre ère. Guerriers et polythéistes, les Celtes sont à l'origine de légendes qui se transmettent oralement jusqu'au XIIe siècle, et que les auteurs anglais adaptent aux premiers romans.

*: *Cf.* Glossaire

Au XIIe siècle, celui-ci s'étend sur toute l'Europe, de la Pologne à l'Irlande et de la Suède à l'Italie.

Le rôle déterminant du christianisme a des répercussions considérables sur la vie artistique et littéraire de l'époque, notamment dans les œuvres littéraires, inspirées par des légendes orales et écrites, qui narrent la vie de saints ayant converti des contrées sauvages ou libéré des régions de créatures monstrueuses[2]. Ces légendes agissent comme des outils rhétoriques, c'est-à-dire des moyens pour convaincre les populations païennes de la fausseté de leurs croyances magiques et hérétiques. Parmi les plus célèbres pages de l'hagiographie* figurent celles de saint Georges tuant un dragon qui exigeait un tribut quotidien de jeunes gens tirés au sort. Ici, l'on se doit de noter la similitude entre cette légende et *Tristan et Iseut*. Le Morholt d'Irlande combattu par Tristan n'est-il pas un avatar* du dragon de saint Georges ?

Ajoutons que la religion, qui, par définition, repose sur la foi et non sur la raison, n'a pas éliminé les superstitions et le paganisme, les ayant même intégrés, adaptés et, en quelque sorte, amalgamés au culte des croyants. Même la chanson de geste française inclut une forme de merveilleux appelé « chrétien » où Dieu peut arrêter l'astre du jour dans sa course afin de permettre aux chrétiens de poursuivre le massacre d'infidèles. Ce merveilleux est cependant moins subversif que celui du roman puisque seuls Dieu, ses anges, les saints et les diables (et non des fées, des nains ou des géants)

Hagiographie

Rédaction des vies des saints.

Avatar

Incarnation, personnification. Dans la religion hindouiste, les avatars sont les diverses incarnations d'un dieu.

---

2. Les récits hagiographiques, ou vies de saints, sont parmi les premiers textes rédigés en ancien français. Ils sont en partie biographiques, mais accordent une large part au merveilleux « chrétien » avec ses anges, démons, monstres et résurrections.

* : Cf. Glossaire

possèdent un pouvoir surnaturel. La religion, tant dans la société médiévale du XIIe siècle que dans le roman de *Tristan et Iseut*, demeure à l'avant-plan, car elle assure la cohésion sociale. Au XIIe siècle, on est chrétien avant d'être Français, Italien ou Anglais. Et tout ce qui n'est pas chrétien est étranger et donc dangereux. Dans *Tristan et Iseut*, cet étranger vient du nord, de l'Irlande. Lorsque Tristan touche la terre d'Iseut, il entre en contact avec un univers qui recèle des merveilles. Le Morholt, le dragon et le savoir magique de la reine d'Irlande sont des preuves de cet univers qui surprend et qui charme tout à la fois.

À retenir

- Au Moyen Âge, la croyance est partie intégrante de la société. Cette société, où la remise en question des savoirs ne va pas de soi, incline à croire aux superstitions et incite à une représentation symbolique du monde.
- Au Moyen Âge, le christianisme est la grande religion de l'Europe.
- Cette religion n'a cependant pas pu supprimer toutes les croyances païennes qui animent les légendes orales des pays du nord.
- Les récits rédigés en terre anglaise combinent ainsi des éléments chrétiens et des aspects merveilleux issus du paganisme.

Les contextes politique et social

La féodalité et la vassalité

La société médiévale est fondée sur le principe d'une pyramide à trois niveaux au pied de laquelle les paysans (ceux-qui-travaillent) composent 80 % de la population. Au sommet trône un roi, un suzerain qui exerce l'autorité, mais dont le pouvoir n'est pas absolu puisqu'il repose sur les bonnes relations qu'il entretient avec les ducs et les autres seigneurs de son royaume. Entre les deux prennent place les membres du clergé (ceux-qui-prient), puis les nobles et les propriétaires terriens (ceux-qui-combattent).

En France comme en Angleterre, le royaume est morcelé en plusieurs domaines, chacun étant gouverné par un roi ou un duc qui, en dépit de son titre et de son statut élevé, se place sous l'autorité d'un roi encore plus puissant que lui. La France est divisée en duchés (Normandie, Aquitaine, Anjou, Bretagne, etc.), l'Angleterre en duchés et en comtés (Cornouailles, Galles, Essex, Kent, etc.). On constate ce morcellement du territoire dans *Tristan et Iseut*, bien que la narration nous plonge quelques centaines d'années avant le XIIe siècle. Dans le récit, Marc est roi de la Cornouailles, mais il n'exerce pas une autorité absolue. Dans le chapitre « Le jugement par le fer rouge », Iseut exige la présence du roi Arthur, la plus haute autorité politique et morale du royaume, lorsqu'elle fera le serment de n'avoir jamais déshonoré Marc : « Mais ils [les barons] n'oseront plus [m'imposer une nouvelle épreuve], si Artur et ses chevaliers sont les garants du jugement[3]. » Ainsi, le roi Marc prend place au sein d'une structure hiérarchique à l'intérieur de laquelle il dépend d'un seigneur, d'un « supérieur hiérarchique » en quelque sorte, incarné ici par la figure d'Arthur.

---

3. Voir le présent ouvrage : Joseph BÉDIER, *Tristan et Iseut*, Montréal, CEC, 2009, p. 153.

De plus, pour toutes les décisions qui concernent la cour : se marier, donner son royaume en héritage à Tristan, faire un procès à Iseut, Marc doit consulter ses barons, c'est-à-dire ses conseillers. Et la plupart du temps, ce sont ces derniers qui ont gain de cause. On aurait tort de penser que le roi a tous les pouvoirs au sein du système féodo-vassalique. Au XIIᵉ siècle, ce principe d'interdépendance entre les grands et les petits de ce monde structure l'ensemble des rapports politiques et sociaux, car les trois ordres sont complémentaires. Ceux-qui-travaillent (80 % de la population) nourrissent ceux-qui-combattent (10 %) pour la protection du territoire, alors que ceux-qui-prient (10 %) le font pour le salut des deux premiers ordres.

Au XIIᵉ siècle, la féodalité est à son apogée ; les écrivains adaptent depuis peu les rapports féodo-vassaliques à leurs écrits, d'abord dans la chanson de geste, puis dans la lyrique des troubadours* et des trouvères* et, enfin, dans le roman.

Même la poésie lyrique présente l'amant comme le vassal d'une femme de rang supérieur et très souvent mariée, de surcroît, au suzerain de l'amant ! La vassalité, après son intégration aux textes épiques, s'est greffée aux rapports amoureux puisque le narrateur dans ces textes lyriques se soumet corps et âme à une figure supérieure, idéalement une reine, un peu comme le ferait un vassal à son seigneur. Ainsi, la mise en place du système féodo-vassalique durant le haut Moyen Âge a favorisé l'éclosion d'une mentalité nouvelle au XIIᵉ siècle, mentalité où les rapports amoureux sont calqués sur les rapports entre seigneurs et vassaux. Cette mentalité nouvelle, que l'on appelle « courtoisie », apparaît dans la littérature du XIIᵉ siècle.

Troubadours et trouvères

Noms donnés aux poètes chanteurs parcourant les routes de France pour réciter leurs compositions. Le terme « troubadour » s'applique à ceux œuvrant dans la moitié sud de la France, celui de « trouvère » désigne les poètes originaires du nord.

* : *Cf.* Glossaire

Rôles et concepts relatifs à la féodalité et à la vassalité

- La noblesse
  - Elle est un des trois ordres de la société médiévale.
  - Les nobles participent à la protection du domaine.
  - Seigneurs et chevaliers appartiennent à cet ordre.
  - Les valeurs associées à la noblesse sont la beauté, la politesse, la courtoisie et le courage.
- Le seigneur
  - Il est le possesseur d'une seigneurie, c'est-à-dire un ensemble de terres cultivées (domaine) par des paysans, appelés des « serfs ».
  - Parmi les devoirs du seigneur à l'égard du vassal, il y a la protection de ce dernier et l'administration de la justice. Par extension, le seigneur, comme il est détenteur d'un domaine et qu'il en régit les diverses institutions, peut se faire appeler « roi » quand son fief est riche et puissant.
  - Le seigneur est un chevalier et il nomme lui-même ses chevaliers.
- Le vassal et le baron
  - Le vassal est un homme libre faisant partie de la noblesse qui se met en état de dépendance à l'égard d'un autre homme libre plus puissant que lui (seigneur).
  - Le vassal est lié au seigneur par une série de droits et de devoirs comme l'aide militaire, le soutien financier et le conseil.
  - Le baron est aussi un vassal, mais possesseur d'un fief particulièrement puissant, ce qui le rapproche du suzerain. Pour cette raison, il est souvent un conseiller du roi.
- Le chevalier
  - On appelle « chevalier » une catégorie de personnes de la société féodale qui réunissait les combattants à cheval.
  - Après avoir achevé sa formation militaire, le jeune chevalier était adoubé (l'adoubement est le rite de la remise des armes) et portait serment de défendre le peuple et de maintenir la paix sociale.
  - En France, la chevalerie devint rapidement héréditaire et le titre était réservé aux membres de la noblesse qui voyaient, dans les valeurs de la chevalerie, les critères de leur supériorité sociale. Pour être chevalier, il fallait

À retenir

donc être un jeune noble adoubé et ayant porté le serment de protéger la veuve et l'orphelin. À noter, cependant, que le chevalier n'est pas forcément un seigneur.

- Le serf
  - Individu doté de certains droits : posséder des biens, contracter mariage et être protégé par le seigneur auquel il doit fidélité.
  - Le serf est généralement celui qui travaille la terre et qui remet une partie de sa récolte à son seigneur.
- Le fief
  - Domaine conféré par un seigneur de rang supérieur (suzerain) à un autre seigneur de rang inférieur (vassal), en échange de services.

Le clergé

Le clergé (regroupant ceux qui prient) constitue un second ordre au sein de la hiérarchie féodale. Admis à la fois à la cour (quand son statut est assez élevé – évêque, chapelain) et dans les assemblées villageoises (curé), l'homme d'Église est le gardien de la foi et tient souvent le rôle de conseiller. Dans *Tristan et Iseut*, l'ermite Ogrin remplit cette fonction : dès qu'il rencontre le couple infidèle dans la forêt du Morois, il cherche à le remettre sur la bonne voie, celle du respect des conventions sociales, morales et religieuses, mais surtout celle de l'engagement d'Iseut au roi Marc, son époux, et de Tristan à son suzerain, le roi Marc. Le fait que les deux protagonistes aient renié leur parole est au centre de leur réflexion. Abuser de la confiance de Marc, roi, époux, oncle et suzerain, est le pire des méfaits possibles au sein du régime féodal. L'homme d'Église est donc un guide de qualité en raison de sa grande sagesse, lui qui conseille au couple de faire amende honorable et de revenir dans le monde. C'est d'ailleurs à lui qu'iront s'adresser Tristan et Iseut avant de retourner auprès de Marc.

Dans les faits, force est d'admettre que la vision du clergé représentée dans le roman est idéalisée. Les clercs médiévaux ne sont pas tous à l'image d'Ogrin, c'est-à-dire des individus fiables et serviables. Parmi les membres du clergé, par exemple, les prêtres, souvent mal formés, baragouinant à peine le latin et ne respectant pas toujours le vœu de chasteté, ne sont pas nécessairement les meilleurs conseillers. Le genre littéraire du fabliau, très populaire dans les classes inférieures de la société, est propice pour se moquer de ces religieux aux apparences de sainteté, mais qui, en réalité, sont des hommes avec les mêmes vices et faiblesses que tous les autres.

La paysannerie

Paysannerie, peuple et tiers état (ceux-qui-travaillent) sont trois appellations de cette même classe inférieure de la société – la plus nombreuse – dont le rôle est de nourrir les deux autres ordres. Travailler la terre et entretenir le fief au bénéfice de son seigneur constitue l'essentiel de la vie du paysan. Sans le travail du paysan, la seigneurie s'effondre. Le concept d'interdépendance sur lequel est fondée la féodalité prend alors tout son sens.

Dans le genre romanesque, le peuple n'apparaît qu'à de rares occasions pour manifester sa joie lors d'un couronnement, par exemple, ou lorsqu'un noble chevalier tue un dragon. Sauf à ces occasions, le paysan – qu'on appelle fréquemment le rustre ou le vilain – n'est pas mis en scène dans le roman, destiné, comme on l'a vu, à un public aristocrate et lettré, qui cherche à représenter une image idéalisée de lui-même. Il est pauvre – d'esprit et monétairement – et souvent laid[4]; il n'a donc pas sa place dans le roman puisqu'il ne possède pas les qualités de la noblesse.

- La société médiévale comporte trois ordres qui remplissent chacun des rôles distincts.
- La noblesse combat afin de défendre le territoire.
- Le clergé prie pour le salut de tous, nobles et paysans confondus.
- Le peuple travaille pour nourrir les deux autres ordres.

La condition de la femme

De façon générale, la littérature religieuse des XIIe et XIIIe siècles assimile la femme à Ève, instigatrice du péché originel. Ces textes répressifs à l'égard du sexe féminin répandent l'idée que la femme est non seulement pécheresse, mais fille de Satan[5]. Le clergé médiéval, inspiré notamment par saint Paul[6], perçoit ce «mâle manqué», selon la formule d'Aristote, comme l'une des

---

4. La littérature médiévale représente le monde en opposant le bien et le mal, le beau et le laid, le rustre et le courtois, etc. Ainsi, dans tout roman médiéval, le noble est toujours beau et «bien fait», tandis que le paysan ou le méchant (sorcière, géant) sont laids, difformes, sales. Au Moyen Âge, le corps devient une manifestation de l'âme et le nom une manifestation de l'être. Ainsi, Tristan ne pouvait porter un autre nom, lui que sa mère a nommé Tristan (déceler l'anagramme «Tant-Tris(te)») à cause de l'état dans lequel elle était au moment de sa naissance.

5. Doit-on s'étonner si les hommes du Moyen Âge, puis ceux de la Renaissance, inquiets par rapport à la femme, lui accordent des pouvoirs surnaturels ou des capacités démoniaques?

6. Plusieurs passages de saint Paul exhortent la femme à se soumettre à l'homme: «Je veux cependant que vous le sachiez, le chef de tout homme, c'est le Christ; le chef de la femme, c'est l'homme et le chef du Christ, c'est Dieu» (*I Cor.* 11, 3); «Soyez soumis les uns les autres dans la crainte du Christ. Que les femmes le soient à leur mari comme au Seigneur» (*Éph.* 5, 22).

pires tentations. Inférieur aux niveaux intellectuel et émotif, le soi-disant « sexe faible » nécessite une constante surveillance de l'homme. Carla Casagrande souligne : « La femme a été créée en une position de subordination par rapport à l'homme [...] Don de Dieu offert à l'homme en aide, la femme est un providentiel instrument aux mains de son compagnon, pour l'aider aux fins de la procréation[7]. »

Néanmoins, l'apparition de la courtoisie dans le genre romanesque révolutionne la façon de percevoir la femme. Celle qui apeurait les hommes est désormais mise sur un piédestal, en particulier dans les rapports amoureux. C'est elle qui domine l'homme en lui imposant des épreuves lui permettant de se rendre digne de son amour. Cette supériorité du personnage féminin au sein du roman est d'autant plus intéressante que, dans la réalité, les femmes perdent progressivement les droits qu'elles possédaient auparavant, notamment en termes de pratique professionnelle. Comme le signale Claudia Opitz : « On constate à la fin du Moyen Âge une hostilité croissante envers les femmes, en particulier dans les règlements de corporations, ainsi que la suppression du travail féminin indépendant...[8] » Par conséquent, on a l'impression que l'apparition et la place essentielle de la femme dans la littérature courtoise au XIIe siècle avaient pour but de compenser – dans le domaine de l'imaginaire – ce que le sexe féminin avait perdu dans le domaine du réel.

---

7. Carla CASAGRANDE, « La femme gardée », dans *Histoire des femmes en Occident. Le Moyen Âge* (sous la direction de Christiane Klapisch-Zuber), Paris, Plon, 1991, p. 103.

8. Claudia OPITZ, « Contraintes et liberté », dans *Histoire des femmes en Occident. Le Moyen Âge* (sous la direction de Christiane Klapisch-Zuber), Paris, Plon, 1991, p. 317.

Véritable doctrine de l'amour, la courtoisie vient accorder un rôle de premier plan à la femme. Or, le fait pour une femme d'accorder son amour à un chevalier dans le cadre d'une relation courtoise est pourtant un jeu dangereux pour la gent féminine. L'amante trop peu discrète sera accusée d'adultère et humiliée publiquement. Certains historiens de la littérature affirment que la dame n'est que le leurre des hommes dans ces opérations courtoises. En réalité, jamais la femme n'est libre de son corps : ce dernier appartient au père, puis au mari ou à l'amant. La seule liberté féminine consiste dans l'acceptation ou le refus de l'offrande du chevalier. Dès qu'elle prête l'oreille aux douces paroles d'un amant potentiel, elle devient prisonnière puisqu'il est établi que tout don mérite un « guerredon » ou récompense. Ainsi, le pouvoir que les hommes concèdent aux femmes dans la littérature courtoise est artificiel, car il se limite aux relations amoureuses. Au mieux, la femme peut être l'instigatrice de la quête et pousser son amant à se lancer dans l'aventure. À l'extérieur du « jeu courtois », dans le monde et la société, la dame reprend une place de second ordre.

À retenir

- Le personnage féminin au sein des récits courtois du XIIe siècle acquiert la fonction essentielle d'inciter le chevalier à devenir un homme meilleur en le lançant dans une quête. La femme est donc le moteur de l'action dans l'univers romanesque. Dans l'univers réel toutefois, le Moyen Âge a eu tendance à diminuer le rôle des femmes, notamment dans le milieu du travail.

La conception du mariage

La société médiévale possède une conception du mariage profondément différente de la nôtre. Au sein de la classe aristocratique, l'union maritale est comprise non pas comme l'expression de l'amour entre deux personnes, mais comme un moyen d'assurer la paix ou de souder une alliance entre deux royaumes. L'hymen est d'abord pensé en termes politiques. Si le mariage est avantageux pour chaque parti, il sera concrétisé ; l'attirance réciproque des futurs époux n'est pas requise : la fille étant donnée en mariage par son père, son consentement n'a pas la même valeur qu'aujourd'hui. Ainsi, la popularité de la tradition courtoise, qui insiste sur la force de la passion, n'est guère surprenante auprès de la noblesse. Comme le mariage de raison, par définition, ne tient pas compte des sentiments, les jeunes gens soumis à ce genre d'union apprécient la lecture d'œuvres courtoises où l'amour est voulu par les amants.

La vie quotidienne et la conception de l'intimité

Au Moyen Âge, l'intimité comme on l'entend aujourd'hui n'existe pas. L'individu est d'abord et avant tout défini à travers deux sortes de liens : les liens du lignage, fondés sur une communauté du sang (il appartient à une lignée ou se situe au sein de cette dernière), et ceux de la vassalité, instituant la subordination d'un individu à un autre individu (il appartient à un groupe ou se situe au sein de ce dernier). Ces deux « réseaux » ne laissent pas place à l'intimité, car l'individu se construit à travers ses rapports avec l'entourage, sa famille ou ses pairs.

Au XIIe siècle, pour un noble de haute naissance, la solitude est pratiquement inexistante : on couche à plusieurs dans la chambre du roi, les suivantes de la reine dorment à ses côtés, l'habillent, la baignent. Le roi remplit ses devoirs et fait l'ensemble de ses activités accompagné. Il va à la chasse en groupe, se déplace en grande compagnie, prend les décisions importantes concernant le domaine, conseillé par ses vassaux. Même sa propre toilette est un rituel auquel assistent les intimes, conscients de leur chance !

Les chevaliers et les dames courtoises, parce qu'ils font partie d'une caste pour qui le parage (l'origine sociale) est essentiel, appartiennent donc à « une communauté familiale, à un groupe consanguin[9] ». Par conséquent, la vie quotidienne des hommes et des femmes de la noblesse est partagée à plusieurs. C'est un peu comme si le corps royal appartenait à la communauté plus qu'au roi lui-même. Devenu un symbole cristallisant l'unité de la cour, le roi a cessé d'être un individu unique pour devenir un être multiple.

Dans *Tristan et Iseut*, cette absence d'intimité est patente, notamment lors du coucher. La version de Bédier précise : « une mutuelle tendresse grandit dans leurs cœurs. Le jour, Tristan suivait Marc aux plaids ou en chasse, et, la nuit, comme il couchait dans la chambre royale parmi les privés et les fidèles, si le roi était triste, il harpait pour apaiser son déconfort[10]. » Et plus loin : « Le nain couchait, comme il en avait coutume, dans la chambre du roi. Quand il crut que tous dormaient, il se leva et répandit entre le lit de Tristan et celui de la reine la fleur de farine[11] ». Ainsi, même dans les moments qui apparaissent les plus intimes pour un lecteur moderne, les nobles du Moyen Âge n'éprouvaient aucun malaise à vivre en communauté. Mentionnons du reste que cette absence d'intimité constitue une

---

9. Robert DUMAS, « Le tissu, le fil et l'entrelacs », dans *Analyses et réflexions sur Tristan et Iseut. La passion amoureuse*, Paris, Ellipses, 1991, p. 18.

10. *Tristan et Iseut*, 2009, p. 60.

11. *Ibid.*, p. 110.

épreuve supplémentaire pour un chevalier qui, comme Tristan, aspire à courtiser une femme de haut rang. Plus elle est de parage élevé, moins elle est laissée à elle-même et plus l'amant doit faire preuve de ruse pour l'approcher sans éveiller les soupçons, ce qui lui permet de se dépasser pour mieux prouver son amour et, ainsi, d'affirmer son identité de chevalier.

- Au Moyen Âge, l'intimité s'efface devant la vie en communauté, en particulier dans les hautes sphères de la société.
- Le roi n'est jamais seul, même pour dormir.
- Parce que l'individu appartient soit à un lignage, soit à un groupe, parfois même aux deux, il devient membre à part entière d'une communauté qui partage tout, dont la vie privée.

À retenir

L'art et la littérature

Les textes littéraires constituent souvent un miroir – déformé ou non – de la réalité parce que leurs auteurs sont influencés par le contexte environnant. Comme l'indique Michel Zink à propos du roman médiéval : « Il se crée ainsi un mouvement de va-et-vient entre la littérature et la vie contemporaine, chacune […] se regard[ant] dans le miroir de l'autre[12]. » Au XIIe siècle, le climat est favorable à l'éclosion d'œuvres originales pour deux raisons.

Dans un premier temps, la langue française, moins soumise que le latin à des sujets religieux, permet de traiter de thèmes profanes comme l'amour ou la

---

12. Daniel POIRION, *Précis de littérature française du Moyen Âge*, Paris, PUF, 1983, p. 294.

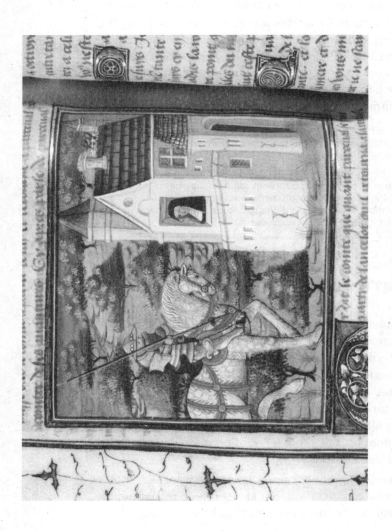

Perceval à la Recluserie.
Enluminure tirée d'un manuscrit du Moyen Âge.

chevalerie. Les clercs, pour plaire à l'élite qui vit à la cour et ayant des intérêts différents de ceux des prêtres, proposent à ce nouveau public des ouvrages aux thématiques novatrices. Chansons de geste, poésie lyrique et romans courtois, tous écrits en ancien français, gagnent alors l'intérêt des cours princières qui veulent retrouver l'image de leurs propres valeurs dans les textes qu'ils lisent (ou se font lire) avec ardeur.

Dans un deuxième temps, le roman naît dans la foulée de la courtoisie, ce nouvel art d'aimer accordant à la femme un rôle de premier plan. Contrairement à la chanson de geste, centrée sur des valeurs guerrières, et à la poésie lyrique où seule la voix du poète importe, le roman met en scène des figures féminines qui aident leurs amants à s'élever dans l'échelle de la vertu.

La langue française

Les premières traces de français remontent au IXe siècle. *Les Serments de Strasbourg* (842) sont rédigés dans une langue qui découle du latin et que l'on nomme « roman ». En France, la langue romane est devenue la langue d'usage, si bien que les auteurs se mettent à rédiger dans cette forme primitive de français pour s'assurer que leurs écrits seront entendus et compris de gens qui ne parlent pas le latin. Vies de saints, chansons de geste et poésie des Xe et XIe siècles sont écrites dans ce français qui, progressivement, s'affranchit de la langue savante qu'est le latin.

Plus les années passent, plus l'ancien français évolue (comme le fait toujours le français d'aujourd'hui en tant que langue vivante) pour devenir, au

XIVe siècle, le moyen français et finalement le français moderne (depuis le XVIe siècle).

Au XIIe siècle, lorsque le roman paraît comme genre, beaucoup d'auteurs attachés aux souverains européens écrivent en français. En France et en Angleterre, les textes français se rédigent, se copient et se diffusent rapidement. Ce siècle voit ainsi la littérature française prendre son essor et proposer des thèmes novateurs que le latin, langue savante maîtrisée surtout par les religieux (que ces thèmes intéressent peu, en principe), n'aborde généralement pas.

À retenir

- Le terme « roman », avant de désigner un genre littéraire, faisait référence à une langue proche du français encore influencée par le latin.
- C'est au XIIe siècle que le mot prend le sens actuel, c'est-à-dire celui d'un genre littéraire distinct de la chanson de geste et de la poésie en raison de sa forme et de ses thématiques.

La chronologie littéraire

Dès le XIe siècle, sur le continent, la chanson de geste glorifie les guerriers français et fait de Charlemagne un modèle. Récit épique, une chanson de geste comme *La chanson de Roland*, la plus ancienne et la plus longue d'entre toutes, est déclamée avec accompagnement musical devant un auditoire venu entendre les exploits de la fleur de la chevalerie française. L'objectif est de magnifier cette chevalerie et, ce faisant, de plaire au lectorat composé justement d'une majorité de nobles.

Puis, au début du XIIe siècle, les troubadours et trouvères, artistes parcourant les routes de France pour réciter des poèmes lyriques, diffusent les idées de l'amour courtois. La poésie lyrique s'inspire des effusions sentimentales et des aspirations amoureuses des troubadours.

Ce n'est qu'au milieu du XIIᵉ siècle que le roman émerge à la cour d'Henri II Plantagenêt et d'Aliénor d'Aquitaine. Porteur de changement à la fois dans sa forme et ses thématiques, proche des préoccupations des aristocrates, le roman devient un genre privilégié dans la seconde moitié du XIIᵉ siècle et au XIIIᵉ siècle.

L'esthétique courtoise

Plusieurs facteurs expliquent l'apparition de la courtoisie au Moyen Âge. À la suite des croisades, les chevaliers entrent en contact avec la civilisation arabe, beaucoup plus raffinée que la leur, où le luxe et le confort favorisent des valeurs nobles comme la politesse et l'élégance. Les Européens y découvrent aussi des écrits qui célèbrent un amour idéalisé où les amantes sont supérieures et où les amants souffrent dans leur âme et leur chair de cette tyrannie toute féminine. Ce genre de poésie a influencé les poètes chevaliers qui, en revenant à la cour, en diffusèrent les idées inédites.

D'autres facteurs, comme le renouveau du culte de la Vierge au XIIᵉ siècle, ont permis l'émergence de la courtoisie. Alors que la religion privilégiait le culte des saints et des martyrs, le personnage de Marie avait jusque-là été délaissé par les clercs médiévaux. Ce n'est qu'au XIIᵉ siècle que ces derniers se découvrent une sensibilité à l'égard de la pure et chaste mère de Dieu et du monde. Dans les romans courtois, l'adoration pour la Vierge Marie s'est reportée sur certaines femmes de la classe supérieure qui, en raison de leur haut parage, devenaient doublement méritoires, car inaccessibles.

Ajoutons enfin que la situation politique stable qui existait dans le Midi de la France, où est né le *fin'amor* (la courtoisie), a aussi joué un rôle puisque cette stabilité permettait aux nobles de s'adonner à l'art et au raffinement de la poésie plutôt qu'à la guerre.

Qu'est-ce donc que l'amour courtois ? Dans cette société devenue plus raffinée au XIIe siècle se développe un art d'aimer comportant certaines règles bien précises comme la totale soumission de l'amant à la dame qu'il sert. La femme mise désormais sur un piédestal, les relations amoureuses ne peuvent que se transformer…

Ces mutations, prenant leur essor dans la poésie lyrique, touchent d'abord la perception du désir amoureux. Dès qu'il est assouvi, le désir meurt aussitôt. La conséquence est simple : pour faire durer le désir, pour l'amener à son point culminant (le *joï**), il faut en repousser l'accomplissement aussi longtemps que possible. Et pour faire durer le désir, rien de tel qu'un obstacle. Dans les textes courtois, cet obstacle prend la forme du mariage, car, pour un chevalier, la plus difficile à conquérir est la femme déjà mariée.

L'amour courtois est par conséquent traditionnellement adultère.

Parmi toutes les épreuves imposées par l'amante courtoise, l'épreuve ultime, celle qui décidera si elle se donnera ou non au chevalier, se nomme l'« assag » (qui signifie « essai »). Il s'agit d'une épreuve de chasteté où le chevalier doit dormir toute une nuit aux côtés de sa bien-aimée sans la toucher. Si le jeune homme réussit cette épreuve, l'amante le récompense en lui accordant le « guerredon », le don de soi.

Joï

Concept courtois désignant le point culminant du désir amoureux. Une fois le *joï* atteint, le désir pour l'aimé(e) décroît. Les auteurs courtois insistent donc sur l'importance de retarder l'accomplissement du désir. Théoriquement, l'amour courtois est chaste.

* : *Cf.* Glossaire

Contexte

Bref, connaître le contexte dans lequel l'œuvre artistique est produite s'avère indispensable, particulièrement dans le cas des textes médiévaux, alors que l'organisation sociale, le régime politique, les mentalités, presque tout en fait diffère de ce que nous connaissons aujourd'hui. Au Moyen Âge, comme il a été dit, l'homme est essentiellement occupé par ses devoirs. Au contraire, dans nos sociétés occidentales et modernes, l'être humain se réclame perpétuellement de ses droits, mais se montre moins préoccupé par ses devoirs. C'est la raison pour laquelle saisir ce qu'impliquent le rôle de chevalier, la notion de la féodalité ou les principes de l'amour courtois représente la première étape de la compréhension d'un récit médiéval comme *Tristan et Iseut*. Connaître le contexte sociohistorique dans lequel une œuvre a été produite permet une plus juste appréciation de celle-ci.

• L'amour courtois est un art d'aimer qui apparaît au XIIe siècle dans la poésie lyrique, et qui se greffe ensuite au roman.

• La dame courtoise doit être d'une classe supérieure à l'amant; cette situation lui permet de faire durer le désir.

• Inaccessible, supérieure, souvent mariée, la dame courtoise impose des épreuves à son prétendant pour lui permettre de se hisser, moralement, à sa hauteur, lui permettant ainsi d'affirmer son identité et sa valeur de chevalier. Lorsqu'elle le juge digne d'elle, elle se donne à lui.

À retenir

Tableau des courants artistiques au XIIe siècle

Une littérature sous influence religieuse

- Importance de la mythologie religieuse dans tous les genres.
- Les chansons de geste sont des récits de croisades : le héros chevalier participe à une guerre sainte contre les infidèles.
- Lyrisme qui emprunte un caractère superstitieux, mystique ou fataliste.
- Inquiétude spirituelle liée à la mort et à la peur du Jugement dernier et de l'enfer.

Une littérature de cour

- Le chevalier raffine ses mœurs en sublimant son désir pour la dame.
- Promotion des valeurs et des coutumes de l'élite aristocratique (sens de l'honneur, fidélité et soumission).
- Transposition dans les rapports amoureux du cérémonial relatif à la vassalité.
- Parodie de la vie courtoise.

Une littérature guerrière

- Valorisation du héros épique, le chevalier.
- Exaltation des valeurs guerrières, comme la vaillance et le sens de l'honneur.
- Manichéisme du monde fondé sur une opposition simplifiée entre le bien et le mal.

Une littérature du merveilleux

- Dans les chansons de geste, transformation de faits historiques en légendes.
- Personnages de géants et de nains, de fées et de sorcières ; animaux chimériques.
- Absence de frontière entre le monde réel et le monde surnaturel.
- Philtres, maléfices, et métamorphoses miraculeuses.

Une littérature versifiée

- Chansons de geste composées en laisses (tirade, couplet ou suite de vers) assonancées (avec reprise d'un même son).
- Répétition de formules pour aider à la mémorisation du récit.
- Adoption de la ballade pour exprimer le lyrisme.
- Jeu avec les mots dans les textes à caractère satirique.
- Textes instables, avec des différences selon les versions retenues.

Présentation du roman

Premièrement, quels liens peut-on établir entre l'ensemble de ces connaissances et le roman Tristan et Iseut *? Deuxièmement, en quoi ces informations peuvent-elles aider à mieux comprendre le roman ?*

Liens avec la description de l'époque

Force est d'admettre que le florissant XIIe siècle est propice à la production d'œuvres d'un grand intérêt artistique. *Tristan et Iseut* recèle en ses pages à la fois une quantité de renseignements documentaires et de nombreux aspects imaginaires. Il importe par conséquent d'en extraire les aspects fictifs et de les mettre en parallèle avec l'Histoire afin de mesurer le génie créateur de ses différents auteurs.

Des dieux et des fées ?

D'un point de vue religieux, *Tristan et Iseut* rassemble des personnages appartenant à des croyances hétérogènes qui, à première vue, pourraient paraître inconciliables. Après tout, monstres et fées, nains et géants, lépreux et ermites se partagent l'univers insulaire et fantastique de l'Angleterre ! Après tout, Tristan, fidèle chrétien, est guéri non pas une, mais trois fois par les potions magiques de la reine d'Irlande et les soins d'Iseut, sa fille ! Comment est-ce possible que cet amalgame entre religion et merveilleux sous-tende tout le roman, si l'on sait que le Moyen Âge constitue l'âge d'or de la chrétienté ?

La présence de cet amalgame s'explique par le fond celtique qui anime la matière de Bretagne, sorte de réservoir de folklore auquel les Anglais étaient fortement attachés. Il faut d'ailleurs remarquer qu'un début de christianisation des aspects merveilleux («merveilleux chrétien») s'opère dans *Tristan et Iseut*. La bataille de Tristan contre le monstre rappelle la fameuse légende du combat de saint Georges contre le dragon. Les personnages de la reine d'Irlande et d'Iseut la Blonde ont quelque chose à voir avec la magie, mais le tout n'est jamais explicite, comme si la magie inquiétait, ou comme si, au contraire, elle faisait tellement partie des mœurs qu'il n'y avait pas lieu d'insister là-dessus. Toujours est-il que l'antidote donné à Tristan à la suite de son premier empoisonnement est bel et bien une préparation magique. Les euphémismes («remèdes», «baume»), employés pour atténuer le caractère merveilleux de l'onguent, expriment un malaise vis-à-vis la magie : «Alors la reine l'hébergea richement, et brassa pour lui des *remèdes efficaces*. Au jour suivant, Iseut la Blonde lui prépara un bain et doucement oignit son corps d'un *baume* que sa mère avait composé[13].» En outre, des personnages comme le Morholt, variante du Minotaure*, et le nain Frocin, astrologue devin, ne peuvent qu'ajouter un aspect à la fois merveilleux et païen au récit. Et que dire de Petit-Crû : «C'était un chien enchanté : il venait [...] de l'île d'Avallon; une fée le lui avait envoyé comme un présent d'amour[14].»

Minotaure

Selon la légende grecque, le Minotaure était un monstre fabuleux à corps d'homme et à tête de taureau, vivant dans un labyrinthe et réclamant, tous les neuf ans, quatorze jeunes gens (garçons et filles) qu'il dévorait. Thésée tua le Minotaure et parvint à s'échapper du labyrinthe, guidé par le fil que lui avait remis Ariane.

---

13. *Tristan et Iseut*, 2009, p. 77.
14. *Ibid.*, p. 164.

* : *Cf.* Glossaire

Bref, la présence de la féerie, bien qu'affaiblie par l'emploi d'euphémismes dans certains passages, n'est jamais complètement supprimée, car elle fascine. Et pour un lecteur actuel, force est d'admettre que cette féerie conserve à la fois sa puissance et son attrait.

Dieu, lui, possède tout le pouvoir. Dieu étant, par définition, tout-puissant, il apparaît comme une figure tutélaire qui domine cet univers merveilleux qu'est le royaume du roi Marc, et donne son appui aux amants adultères. Le chapitre « Le saut de la chapelle » exprime bien cette idée. Poignets liés, Tristan entre dans l'église pour prier avant de se rendre au bûcher.

> « Mais sachez, seigneurs, que Dieu lui fit belle merci : le vent se prend en ses vêtements, le soulève, le dépose sur une large pierre au pied du rocher. [...] Et devant l'église les autres l'attendaient toujours. Mais pour néant, car c'est Dieu maintenant qui l'a pris en sa garde[15]. »

Dans cet épisode, Dieu est intégré à la narration en prenant Tristan sous sa protection et en contrant les autres forces du roman par ses pouvoirs surhumains. Telle une force tutélaire, il contribue à améliorer le sort du protagoniste et à changer le quotidien en la faveur du héros. Contrairement aux autres créatures du roman, ses pouvoirs sont illimités. Puisque l'ordre de la nature est entre ses mains, il en fait ce qu'il veut et soustrait Tristan au sort qui l'attend.

On constate donc que magie et religion ne sont pas contradictoires dans *Tristan et Iseut*. Ce sont deux adjuvants qui nantissent le héros de pouvoirs extraordinaires et lui permettent de dénouer des situations inextricables.

---

15. *Tristan et Iseut*, 2009, p. 117.

Le royaume de Marc, un univers féodal?

Au point de vue social, la narration de *Tristan et Iseut* s'inscrit *a priori* dans un monde féodal. Marc est le seigneur de son territoire, dispose de vassaux (barons) et de chevaliers, et est lui-même soumis à un suzerain en la personne du roi Arthur. Évidemment, tous ces nobles possèdent des terres sur lesquelles besognent les serfs. Cela dit, cet univers féodal est problématique pour plusieurs raisons. D'abord, Marc, grand seigneur, doit prendre conseil auprès de ses plus proches et fidèles vassaux. Mais la première mention des vassaux de Marc dans *Tristan et Iseut* les présente comme des couards. Quand le Morholt défie ces derniers à un duel, « [l]es barons se regard[èrent] entre eux à la dérobée, puis baiss[èrent] la tête[16] ». Aucun d'eux n'a le courage d'affronter l'étranger, exigeant pourtant un cruel tribut à leur seigneur. Seul Tristan relèvera le défi.

Plus loin sont présentés certains vassaux : « Il y avait à la cour du roi Marc quatre barons, les plus félons des hommes, qui haïssaient Tristan de male haine pour sa prouesse et pour le tendre amour que le roi lui portait. Et je sais vous redire leurs noms : Andret, Guenelon, Gondoïne et Denoalen[17] ». Ces vassaux, conseillers du roi, le narrateur les présente sous un jour défavorable, les qualifiant de « félons », c'est-à-dire de traîtres. Le fait que le roi soit entouré de tels hommes est signe d'un malaise quant au monde féodal. Plus dérangeant encore, ces quatre soi-disant « félons » sont les seuls à dire la vérité ! Ce sont les seuls à voir l'adultère d'Iseut et la traîtrise de Tristan et à les révéler au grand jour.

---

16. *Tristan et Iseut*, 2009, p. 63.
17. *Ibid.*, p. 70.

Ainsi, pourquoi les seuls personnages dignes de confiance sont-ils punis et pourquoi le narrateur les dépeint-il sous des traits aussi disgracieux ?

La claire préférence du narrateur (et de Dieu) pour les véritables traîtres de l'histoire, à savoir Tristan et Iseut, signifie que le régime féodal est en crise ou en transition. Non seulement Marc est-il bafoué par son neveu et par sa femme, mais lui-même perçoit ses vassaux comme déloyaux. De plus, Tristan et Iseut trahissent chacun les idéaux ou les valeurs de leur caste, la noblesse, puisqu'ils enfreignent l'une des règles de vassalité, soit la loyauté envers le roi. Le premier cesse d'être un parangon* de chevalerie, la seconde, un modèle d'épouse fidèle.

Parangon

Modèle.

Il faut dire que la passion dévorante qui fait en sorte que les deux amants vont trahir le roi n'est pas voulue par ces derniers. En buvant le philtre, ils perdent la maîtrise de leurs corps et, du coup, la gravité de leur trahison est atténuée par ces circonstances. Cette innocence partielle des amants peut ainsi éclairer l'étrange indulgence de Marc dans certains passages (notamment celui de la forêt du Morois), contrastant avec sa dureté ailleurs dans le texte. Comme leur volonté n'était pas de trahir le roi, puisqu'ils ont été ensorcelés, *Tristan et Iseut* ne peuvent être entièrement tenus responsables de leurs actes.

Le constat demeure tout de même troublant. Marc apparaît comme un roi trop naïf pour discerner le mensonge, les barons qui révèlent la traîtrise sont châtiés et les amants sont mis au ban de la société en dépit de leur innocence d'intention. Bref, la féodalité dans *Tristan et Iseut* se révèle non pas comme un mode

∗ : *Cf. Glossaire*

encourageant le maintien de l'ordre, mais comme un système affaibli dans ses assises.

Le roman semble donc prendre le parti de la transgression : les héros sont ceux qui mentent, alors que ceux qui disent la vérité meurent. D'ailleurs, celle qui – momentanément – s'en sort le mieux, encore mieux que Tristan en tout cas, est la reine elle-même. Après son faux serment, Iseut est pardonnée, réhabilitée en dépit des soupçons d'adultère qui pèsent contre elle. Non seulement les personnages sont passés maîtres dans l'art du mensonge, mais le récit lui-même est mystificateur puisque, dans la réalité, les femmes infidèles ou soupçonnées de l'être se trouvaient dans une situation critique.

Liens avec les courants artistiques et littéraires de l'époque

Dans quel genre littéraire se classe *Tristan et Iseut* ?

Rappelons que la version de Joseph Bédier de *Tristan et Iseut* résulte d'un collage de divers manuscrits incomplets datant des XIIe et XIIIe siècles. Plusieurs de ces fragments d'origine se présentaient sous une forme versifiée, vers et rimes demeurant des marques d'oralité, des traces évoquant deux genres littéraires antérieurs : la chanson de geste et la poésie lyrique. Reste que le roman, bien que récité à voix haute à la cour, est un genre destiné à la lecture.

D'un point de vue courtois, la passion de Tristan et Iseut ne correspond pas tout à fait aux modèles classiques du *fin'amor* pour plusieurs raisons, synthétisées dans le tableau des pages 44 et 45.

Néanmoins, l'amour de Tristan et Iseut est absolu et ressemble en bien des points à l'amour chanté par les troubadours. Quatre de ces points sont exposés dans le tableau de la page 46.

Tableau des aspects anticonformistes dans Tristan et Iseut

Normes de l'amour courtois	Aspects anticonformistes de l'œuvre
• La dame doit refuser, du moins au départ, les avances du prétendant.	• La passion de Tristan et Iseut est réciproque. • Dans le récit, l'amour que se portent les amants est de force et de souffrance comparables. Et quand, à la fin du récit, les amoureux sont joints à jamais par une ronce verte et odorante, cette scène, toute belle qu'elle soit, ne correspond aucunement aux canons de l'amour courtois. Iseut, dame courtoise forte et supérieure à son amant, devrait théoriquement lui survivre.
• L'amour courtois doit contribuer à l'élévation des deux amants.	• Tristan, chevalier adulé, devient un paria au fil du récit et en vient même à s'enlaidir, à se faire passer pour fou afin d'approcher son amante. • De son côté, Iseut, d'une beauté éclatante, perd ses charmes dans la forêt du Morois et doit se soumettre au jugement par le feu, de retour dans la société. • Ni l'un ni l'autre ne grandit moralement au cours de leurs aventures.
• La dame est d'un rang supérieur au chevalier.	• Bien qu'Iseut soit d'un rang supérieur à Tristan, ce qui constitue l'une des règles courtoises, elle n'est pas tout à fait une figure dominante. • La protagoniste, au contraire, semble prise dans un engrenage, dans un jeu amoureux dont elle n'a pas le contrôle et qui la conduit inexorablement à sa perte.

Tableau des aspects anticonformistes dans Tristan et Iseut (suite)

Normes de l'amour courtois	Aspects anticonformistes de l'œuvre
• Les amants courtois se choisissent mutuellement.	• L'amour de Tristan et Iseut est involontaire, le fruit d'une fortuite méprise d'un couple qui croyait boire du vin et non un philtre d'amour. • Sans l'ingestion de la boisson herbée, Tristan et Iseut ne seraient jamais tombés amoureux.
• Initialement, l'amour courtois est *purus*, c'est-à-dire chaste.	• La passion des amants est démesurée, si puissante qu'ils ne peuvent la contrôler. • Iseut est submergée par le désir (son rôle de dame courtoise serait de le faire durer). • Le couple succombe à une passion déraisonnée et consomme l'union, et cela, avant même qu'il ait atteint la Cornouailles.

Tableau des aspects conformistes dans Tristan et Iseut

Normes de l'amour courtois	Aspects conformistes de l'œuvre
• La dame est d'un rang supérieur au chevalier.	• Iseut, princesse irlandaise, puis reine de la Cornouailles, est socialement supérieure à Tristan. • Tristan est conscient de cette supériorité. Il dit: «Fille de roi, sache que tu n'as pas seulement le pouvoir, mais le droit de me tuer[18].» • Tristan laisse sa vie entre les mains d'Iseut, règle courtoise.
• Amour si puissant qu'il rend malades les amants.	• Symboliquement, Tristan joue le rôle du malade d'amour à deux reprises: d'abord lorsqu'il porte le masque du lépreux, puis lorsqu'il se déguise en fou. • Cette maladie d'amour occasionne de graves souffrances physiques et psychologiques aux amants.
• L'amour courtois est adultère.	• Dans Tristan et Iseut, il y a un triangle amoureux composé des deux protagonistes et du roi Marc. • L'obstacle principal du couple est le mariage d'Iseut avec Marc. • Autre obstacle: la présence des barons félons. Leur présence permet néanmoins au couple d'éprouver leur amour. • Les contraintes permettent de faire durer et évoluer l'amour des amants.
• Rites de l'amour courtois.	• Échange de gages de fidélité. • Tristan laisse son chien Husdent aux bons soins d'Iseut. • Iseut offre à Tristan un anneau de jaspe vert. • Politesse constante et tendresse continue des amants l'un envers l'autre.

18. *Tristan et Iseut*, 2009, p. 78.

Au temps
de Tristan et Iseut

	Événements historiques	Événements culturels et scientifiques
476	Chute de l'Empire romain d'Occident.	
496	Baptême de Clovis, roi des Francs.	
622	L'hégire, naissance de l'Islam.	
800	Couronnement de Charlemagne.	
842		*Serments de Strasbourg* (premier texte en ancien français).
843	Partage de l'Empire carolingien.	
881		*Séquence de sainte Eulalie* (premier texte religieux en ancien français).
1000	Régime féodal (➔ 1453).	
1066	Conquête de l'Angleterre par le duc de Normandie (Guillaume le Conquérant).	
1071		Premier troubadour : Guillaume IX d'Aquitaine.
v. 1080		Vogue de l'épopée. *La Chanson de Roland* (premier texte littéraire en ancien français).
1095	Début des croisades.	

Événements historiques	Événements culturels et scientifiques
1136	*Historia Regum Britanniæ* de Geoffroy de Monmouth, première œuvre où apparaît le roi Arthur.
v. 1150	Période correspondant au développement du genre romanesque et de la courtoisie. ***Tristan et Iseut*** de Béroul.
1154 Règne d'Henri II et d'Aliénor d'Aquitaine.	
1165	Les *Lais* de Marie de France.
1170	*Érec et Énide*, premier roman de Chrétien de Troyes.
1173	***Tristan et Iseut*** de Thomas.
1177	*Le Chevalier de la Charrette* et *Yvain ou Le Chevalier au lion* de Chrétien de Troyes.
1225	*Lancelot du Lac.*
1230	***Tristan en prose.***
1248 Influence des croisades sur l'Occident, en particulier sur la littérature courtoise (⇨ 1291).	
1257 Fondation de l'université de la Sorbonne.	
1291 Fin des croisades.	

	Événements historiques	Événements culturels et scientifiques
1313		*Divine Comédie* de Dante.
1337	Guerre de Cent Ans entre la France et l'Angleterre (→ 1453).	
1346		Apparition du canon, arme qui aura comme effet de rendre la chevalerie obsolète.
1348	Peste noire.	
1348		*Décaméron* de Boccace (→ 1353).
v. 1390		*Contes de Cantorbéry* de Chaucer.
1431	Jeanne d'Arc condamnée à brûler vive sur un bûcher.	
1434		Invention de l'imprimerie par Gutenberg.
1453	Prise de Constantinople. Chute de l'Empire romain d'Orient. Fin du Moyen Âge.	
1463		« Ballade des pendus » de François Villon.
1492	Découverte de l'Amérique par Christophe Colomb.	

Tristan et Iseut

Version de Joseph Bédier

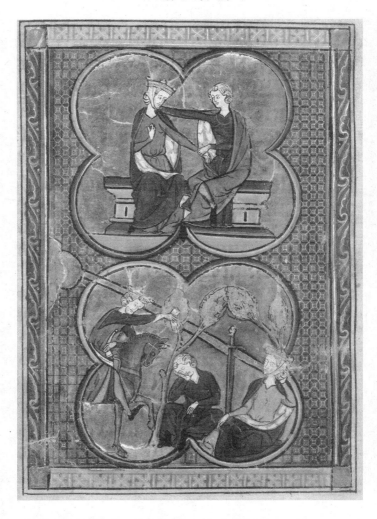

**Enluminure française d'un manuscrit de Tristan et Iseut, v. 1275.
Tristan et Iseut assis l'un à côté de l'autre et le roi Marc
surprenant Tristan et Iseut en forêt.**

LES ENFANCES DE TRISTAN

Du wœrest zwâre baz genant :
Juvente bele et la riant !
GOTTFRIED DE STRASBOURG

S eigneurs, vous plaît-il d'entendre un beau conte d'amour et de mort? C'est de Tristan et d'Iseut la reine. Écoutez comment à grand'joie, à grand deuil ils s'aimèrent, puis en moururent un même jour, lui par elle, elle par lui.

Aux temps anciens, le roi Marc régnait en Cornouailles[1]. Ayant appris que ses ennemis le guerroyaient, Rivalen, roi de Loonnois, franchit la mer pour lui porter son aide. Il le servit par l'épée et par le conseil, comme eût fait un vassal[2], si fidèlement que Marc

notes

1. Cornouailles : dite Cornwall en anglais, la Cornouailles est une région du sud-ouest de l'Angleterre. Elle fait partie du royaume d'Arthur, roi d'Angleterre.

2. vassal : terme féodal désignant un homme libre qui jure fidélité à un autre homme libre appelé « suzerain » et qui se place sous sa protection. De cette alliance procèdent des

obligations réciproques comme la participation à la justice et à la guerre.

lui donna en récompense la belle Blanchefleur, sa sœur, que le roi
10 Rivalen aimait d'un merveilleux amour.

Il la prit à femme au moutier[1] de Tintagel. Mais à peine l'eut-
il épousée, la nouvelle lui vint que son ancien ennemi, le duc
Morgan, s'étant abattu sur le Loonnois, ruinait ses bourgs, ses
camps, ses villes. Rivalen équipa ses nefs[2] hâtivement et emporta
15 Blanchefleur, qui se trouvait grosse[3], vers sa terre lointaine. Il
atterrit devant son château de Kanoël, confia la reine à la sauvegarde de son maréchal[4] Rohalt, Rohalt que tous, pour sa loyauté,
appelaient d'un beau nom, Rohalt le Foi-Tenant; puis, ayant
rassemblé ses barons[5], Rivalen partit pour soutenir sa guerre.

20 Blanchefleur l'attendit longuement. Hélas! il ne devait pas
revenir. Un jour, elle apprit que le duc Morgan l'avait tué en
trahison. Elle ne le pleura point: ni cris, ni lamentations, mais ses
membres devinrent faibles et vains; son âme voulut, d'un fort
désir, s'arracher de son corps. Rohalt s'efforçait de la consoler:

25 «Reine, disait-il, on ne peut rien gagner à mettre deuil sur
deuil; tous ceux qui naissent ne doivent-ils pas mourir? Que
Dieu reçoive les morts et préserve les vivants!…»

Mais elle ne voulut pas l'écouter. Trois jours elle attendit de
rejoindre son cher seigneur. Au quatrième jour, elle mit au
30 monde un fils, et, l'ayant pris entre ses bras:

«Fils, lui dit-elle, j'ai longtemps désiré de te voir; et je vois la
plus belle créature que femme ait jamais portée. Triste j'accouche,
triste est la première fête que je te fais, à cause de toi j'ai tristesse
à mourir. Et comme ainsi tu es venu sur terre par tristesse, tu auras
35 nom Tristan.»

Quand elle eut dit ces mots, elle le baisa, et, sitôt qu'elle l'eut
baisé, elle mourut.

notes

1. **moutier:** monastère.
2. **nefs:** grands navires à voile.

3. **qui se trouvait grosse:** qui était enceinte.
4. **maréchal:** dignitaire de la cour chargé du logement du roi et de la reine.

5. **barons:** membres de l'aristocratie qui tiennent directement leur fief (leur seigneurie) du roi.

Chapitre 1

Rohalt le Foi-Tenant recueillit l'orphelin. Déjà les hommes du duc Morgan enveloppaient le château de Kanoël : comment Rohalt aurait-il pu soutenir longtemps la guerre ? On dit justement : «Démesure n'est pas prouesse» ; il dut se rendre à la merci[1] du duc Morgan. Mais, de crainte que Morgan n'égorgeât le fils de Rivalen, le maréchal le fit passer pour son propre enfant et l'éleva parmi ses fils.

Après sept ans accomplis, lorsque le temps fut venu de le reprendre aux femmes[2], Rohalt confia Tristan à un sage maître, le bon écuyer[3] Gorvenal. Gorvenal lui enseigna en peu d'années les arts qui conviennent aux barons. Il lui apprit[4] à manier la lance, l'épée, l'écu et l'arc, à lancer des disques de pierre, à franchir d'un bond les plus larges fossés ; il lui apprit à détester tout mensonge et toute félonie[5], à secourir les faibles, à tenir la foi donnée ; il lui apprit diverses manières de chant, le jeu de la harpe et l'art du veneur[6] ; et quand l'enfant chevauchait parmi les jeunes écuyers, on eût dit que son cheval, ses armes et lui ne formaient qu'un seul corps et n'eussent jamais été séparés. À le voir si noble et si fier, large des épaules, grêle des flancs, fort, fidèle et preux[7], tous louaient[8] Rohalt parce qu'il avait un tel fils. Mais Rohalt, songeant à Rivalen et à Blanchefleur, de qui revivaient la jeunesse et la grâce, chérissait Tristan comme son fils, et secrètement le révérait comme son seigneur.

notes

1. à la merci : au bon vouloir, aux mains de (ce qui implique de se soumettre à son rival).

2. Au Moyen Âge, les enfants nobles de sexe masculin restaient en compagnie des femmes jusqu'à l'âge de sept ans, soit l'âge de la raison. Ils faisaient ensuite leur entrée dans le monde des hommes afin de commencer leur éducation chevaleresque.

3. écuyer : gentilhomme au service d'un chevalier et qui transporte ses armes (écuyer est un mot dérivé de *écu* : bouclier).

4. Noter les divers apprentissages de Tristan, notamment les pratiques guerrières suivantes : le lancer de la lance (sorte de pique), l'épée, l'écu (le bouclier). Ces apprentissages constituent l'essentiel de ce que le jeune noble

doit connaître pour appartenir à la cour.

5. félonie : trahison.

6. veneur : personne chargée des chiens courants destinés à la chasse.

7. preux : courageux.

8. louaient : félicitaient.

Or, il advint que toute sa joie lui fut ravie[1], au jour où des marchands de Norvège, ayant attiré Tristan sur leur nef, l'emportèrent comme une belle proie. Tandis qu'ils cinglaient[2] vers des terres inconnues, Tristan se débattait, ainsi qu'un jeune loup pris au piège. Mais c'est vérité prouvée, et tous les mariniers le savent : la mer porte à regret les nefs félonnes, et n'aide pas aux rapts[3] ni aux traîtrises. Elle se souleva furieuse, enveloppa la nef de ténèbres, et la chassa huit jours et huit nuits à l'aventure. Enfin, les mariniers aperçurent à travers la brume une côte hérissée de falaises et de récifs où elle voulait briser leur carène[4]. Ils se repentirent : connaissant que le courroux[5] de la mer venait de cet enfant ravi à la male[6] heure, ils firent vœu de le délivrer et parèrent une barque pour le déposer au rivage. Aussitôt tombèrent les vents et les vagues, le ciel brilla, et, tandis que la nef des Norvégiens disparaissait au loin, les flots calmés et riants portèrent la barque de Tristan sur le sable d'une grève[7].

À grand effort, il monta sur la falaise et vit qu'au delà d'une lande[8] vallonnée et déserte, une forêt s'étendait sans fin. Il se lamentait, regrettant Gorvenal, Rohalt son père, et la terre de Loonnois, quand le bruit lointain d'une chasse à cor et à cri[9] réjouit son cœur. Au bord de la forêt, un beau cerf déboucha[10]. La meute et les veneurs dévalaient sur sa trace à grand bruit de voix et de trompes. Mais, comme les limiers[11] se suspendaient déjà par grappes au cuir de son garrot[12], la bête, à quelques pas de Tristan, fléchit sur les jarrets et rendit les abois[13]. Un veneur la

notes ··

1. **ravie** : retirée.
2. **cinglaient** : naviguaient.
3. **rapts** : enlèvements.
4. **carène** : partie immergée de la coque d'un navire.
5. **courroux** : colère.
6. **male** : mauvaise.
7. **grève** : plage.
8. **lande** : étendue de terre stérile.

9. **Chasse à courre** qui consiste à poursuivre un animal sauvage avec une meute de chiens. Les hommes suivent à cheval munis d'un cor, c'est-à-dire d'une trompe leur permettant de communiquer entre eux, et avec les chiens.
10. **déboucha** : surgit.
11. **limiers** : chiens de chasse dressés pour débusquer,

grâce à leur flair, la bête traquée.
12. **garrot** : zone du dos de l'animal située dans la région des épaules.
13. **rendit les abois** : cessa sa course (le terme indique qu'elle abandonne la lutte devant les aboiements des chiens).

servit de l'épieu[1]. Tandis que, rangés en cercle, les chasseurs cornaient de prise, Tristan, étonné, vit le maître veneur entailler largement, comme pour la trancher, la gorge du cerf. Il s'écria :

« Que faites-vous, seigneur ? Sied-il[2] de découper si noble bête comme un porc égorgé ? Est-ce donc la coutume de ce pays ?

– Beau frère, répondit le veneur, que fais-je là qui puisse te surprendre ? Oui, je détache d'abord la tête de ce cerf, puis je trancherai son corps en quatre quartiers que nous porterons, pendus aux arçons[3] de nos selles, au roi Marc, notre seigneur. Ainsi faisons-nous ; ainsi, dès le temps des plus anciens veneurs, ont toujours fait les hommes de Cornouailles. Si pourtant tu connais quelque coutume plus louable, montre-nous-la ; prends ce couteau, beau frère ; nous l'apprendrons volontiers. »

Tristan se mit à genoux et dépouilla le cerf avant de le défaire ; puis il dépeça la tête en laissant, comme il convient, l'os corbin tout franc ; puis il leva les menus droits, le mufle, la langue, les daintiers[4] et la veine du cœur.

Et veneurs et valets de limiers, penchés sur lui, le regardaient, charmés.

« Ami, dit le maître veneur, ces coutumes sont belles ; en quelle terre les as-tu apprises ? Dis-nous ton pays et ton nom.

– Beau seigneur, on m'appelle Tristan ; et j'appris ces coutumes en mon pays de Loonnois.

– Tristan, dit le veneur, que Dieu récompense le père qui t'éleva si noblement ! Sans doute, il est un baron riche et puissant ? »

Mais Tristan, qui savait bien parler et bien se taire, répondit par ruse :

« Non, seigneur, mon père est un marchand. J'ai quitté secrètement sa maison sur une nef qui partait pour trafiquer[5] au loin, car

notes ....

1. servit de l'épieu : acheva la bête (l'épieu est une arme composée d'une hampe et d'une lame).

2. sied-il : convient-il.
3. arçons : pièces de bois qui forment le corps de la selle.

4. os corbin, menus droits, mufle, daintiers : diverses parties de l'animal.
5. trafiquer : commercer.

115 je voulais apprendre comment se comportent les hommes des terres étrangères. Mais, si vous m'acceptez parmi vos veneurs, je vous suivrai volontiers, et vous ferai connaître, beau seigneur, d'autres déduits de vénerie[1].

— Beau Tristan, je m'étonne qu'il soit une terre où les fils des
120 marchands savent ce qu'ignorent ailleurs les fils des chevaliers. Mais viens avec nous, puisque tu le désires, et sois le bienvenu. Nous te conduirons près du roi Marc notre seigneur. »

Tristan achevait de défaire le cerf. Il donna aux chiens le cœur, le massacre et les entrailles, et enseigna aux chasseurs comment se
125 doivent faire la curée et le forhu. Puis il planta sur des fourches les morceaux bien divisés et les confia aux différents veneurs : à l'un la tête, à l'autre le cimier et les grands filets ; à ceux-ci les épaules, à ceux-là les cuissots, à cet autre le gros des nombles[2]. Il leur apprit comment ils devaient se ranger deux par deux pour
130 chevaucher en belle ordonnance, selon la noblesse des pièces de venaison[3] dressées sur les fourches.

Alors ils se mirent à la voie en devisant[4], tant qu'ils découvrirent enfin un riche château. Des prairies l'environnaient, des vergers, des eaux vives, des pêcheries et des terres de labour. Des
135 nefs nombreuses entraient au port. Le château se dressait sur la mer, fort et beau, bien muni contre tout assaut et tous engins de guerre ; et sa maîtresse tour, jadis élevée par les géants[5], était bâtie de blocs de pierre, grands et bien taillés, disposés comme un échiquier de sinople[6] et d'azur.

140 Tristan demanda le nom de ce château.

« Beau valet, on le nomme Tintagel.

— Tintagel, s'écria Tristan, béni sois-tu de Dieu, et bénis soient tes hôtes ! »

notes ....

1. **d'autres déduits de vénerie** : d'autres connaissances liées à la chasse.

2. **massacre, cimier, cuissots, nombles** : diverses parties de l'animal ;

faire la curée et le forhu : apprêter la peau et la fourrure.

3. **venaison** : chair de gibier.

4. **devisant** : conversant.

5. **Créatures merveilleuses** (fées et autres) qu'on retrouve dans le folklore.

6. **sinople** : désigne la couleur rouge jusqu'au XIVe siècle, puis la couleur verte.

Seigneurs, c'est là que jadis, à grand'joie, son père Rivalen avait
45 épousé Blanchefleur. Mais, hélas! Tristan l'ignorait.

Quand ils parvinrent au pied du donjon, les fanfares des
veneurs attirèrent aux portes les barons et le roi Marc lui-même.

Après que le maître veneur lui eut conté l'aventure, Marc
admira le bel arroi[1] de cette chevauchée, le cerf bien dépecé, et
50 le grand sens des coutumes de vénerie. Mais surtout il admirait le
bel enfant étranger, et ses yeux ne pouvaient se détacher de lui.
D'où lui venait cette première tendresse? Le roi interrogeait son
cœur et ne pouvait le comprendre. Seigneurs, c'était son sang qui
s'émouvait et parlait en lui, et l'amour qu'il avait jadis porté à sa
55 sœur Blanchefleur.

Le soir, quand les tables furent levées, un jongleur[2] gallois[3],
maître en son art, s'avança parmi les barons assemblés, et chanta
des lais[4] de harpe. Tristan était assis aux pieds du roi, et, comme
le harpeur préludait à une nouvelle mélodie, Tristan lui
60 parla ainsi:

«Maître, ce lai est beau entre tous: jadis les anciens Bretons
l'ont fait pour célébrer les amours de Graelent[5]. L'air en
est doux, et douces les paroles. Maître, ta voix est habile,
harpe-le bien!»

65 Le Gallois chanta, puis répondit:

«Enfant, que sais-tu donc de l'art des instruments? Si les
marchands de la terre de Loonnois enseignent aussi à leurs fils
le jeu des harpes, des rotes et des vielles[6], lève-toi, prends cette
harpe, et montre ton adresse.»

notes

1. arroi: équipage,
arrangement.
2. jongleur: artiste
itinérant qui divertissait
les cours princières
ou les villages, notamment
en récitant des récits,

de la poésie ou en faisant
des prouesses physiques.
3. gallois: le pays de Galles
est une région du sud-ouest
de l'Angleterre.
4. lai: type de poème
souvent chanté, apparu
au XIIe siècle et qui

privilégie les thèmes
de l'amour, de l'aventure
et du merveilleux celtique.
5. Graelent: nom du chevalier héros d'un lai anonyme
du XIIe siècle.
6. des rotes et des vielles:
instruments à cordes.

170   Tristan prit la harpe et chanta si bellement que les barons s'attendrissaient à l'entendre. Et Marc admirait le harpeur venu de ce pays de Loonnois où jadis Rivalen avait emporté Blanchefleur.

    Quand le lai fut achevé, le roi se tut longuement.

    «Fils, dit-il enfin, béni soit le maître qui t'enseigna, et béni sois-
175 tu de Dieu! Dieu aime les bons chanteurs. Leur voix et la voix de leur harpe pénètrent le cœur des hommes, réveillent leurs souvenirs chers et leur font oublier maint deuil et maint méfait. Tu es venu pour notre joie en cette demeure. Reste longtemps près de moi, ami!

180   —Volontiers, je vous servirai, sire, répondit Tristan, comme votre harpeur, votre veneur et votre homme lige[1].»

    Il fit ainsi, et, durant trois années, une mutuelle tendresse grandit dans leurs cœurs. Le jour, Tristan suivait Marc aux plaids[2] ou en chasse, et, la nuit, comme il couchait dans la chambre royale
185 parmi les privés et les fidèles, si le roi était triste, il harpait pour apaiser son déconfort. Les barons le chérissaient, et, sur tous les autres, comme l'histoire vous l'apprendra, le sénéchal[3] Dinas de Lidan. Mais plus tendrement que les barons et que Dinas de Lidan, le roi l'aimait. Malgré leur tendresse, Tristan ne se conso-
190 lait pas d'avoir perdu Rohalt son père, et son maître Gorvenal, et la terre de Loonnois.

    Seigneurs, il sied au conteur qui veut plaire d'éviter les trop longs récits. La matière de ce conte est si belle et si diverse : que servirait de l'allonger? Je dirai donc brièvement comment, après avoir
195 longtemps erré par les mers et les pays, Rohalt le Foi-Tenant aborda en Cornouailles, retrouva Tristan, et, montrant au roi

notes ··

1. homme lige : vassal lié exclusivement à son seigneur par un dévouement total.

2. plaids : audiences de justice. Le roi, accompagné de ses barons, y juge les causes qui lui sont soumises.

3. sénéchal : officier de la cour royale.

l'escarboucle[1] jadis donnée par lui à Blanchefleur comme un cher présent nuptial, lui dit :

«Roi Marc, celui-ci est Tristan de Loonnois, votre neveu, fils de votre sœur Blanchefleur et du roi Rivalen. Le duc Morgan tient sa terre à grand tort ; il est temps qu'elle fasse retour au droit héritier.»

Et je dirai brièvement comment Tristan, ayant reçu de son oncle les armes de chevalier, franchit la mer sur les nefs de Cornouailles, se fit reconnaître des anciens vassaux de son père, défia le meurtrier de Rivalen, l'occit[2] et recouvra sa terre.

Puis il songea que le roi Marc ne pouvait plus vivre heureusement sans lui, et comme la noblesse de son cœur lui révélait toujours le parti le plus sage, il manda[3] ses comtes et ses barons et leur parla ainsi :

«Seigneurs de Loonnois, j'ai reconquis ce pays et j'ai vengé le roi Rivalen par l'aide de Dieu et par votre aide. Ainsi j'ai rendu à mon père son droit. Mais deux hommes, Rohalt, et le roi Marc de Cornouailles, ont soutenu l'orphelin et l'enfant errant, et je dois aussi les appeler pères ; à ceux-là, pareillement, ne dois-je pas rendre leur droit ? Or, un haut homme a deux choses à lui : sa terre et son corps. Donc, à Rohalt, que voici, j'abandonnerai ma terre : père, vous la tiendrez, et votre fils la tiendra après vous. Au roi Marc, j'abandonnerai mon corps ; je quitterai ce pays, bien qu'il me soit cher, et j'irai servir mon seigneur Marc en Cornouailles. Telle est ma pensée ; mais vous êtes mes féaux[4], seigneurs de Loonnois, et me devez le conseil ; si donc l'un de vous veut m'enseigner une autre résolution, qu'il se lève et qu'il parle !»

Mais tous les barons le louèrent avec des larmes, et Tristan, emmenant avec lui le seul Gorvenal, appareilla pour la terre du roi Marc.

notes

1. **escarboucle**: pierre précieuse.
2. **l'occit**: le tua.

3. **manda**: demanda, plutôt : fit venir.
4. **féaux**: vassaux.

Chapitre 11

LE MORHOLT D'IRLANDE

Quand Tristan y rentra, Marc et toute sa baronnie menaient grand deuil. Car le roi d'Irlande avait équipé une flotte pour ravager la Cornouailles, si Marc refusait encore, ainsi qu'il faisait depuis quinze années, d'acquitter un tribut[1] jadis payé par ses ancêtres. Or, sachez que, selon d'anciens traités d'accord, les Irlandais pouvaient lever sur la Cornouailles, la première année trois cents livres de cuivre, la deuxième année trois cents livres d'argent fin et la troisième trois cents livres d'or. Mais quand revenait la quatrième année, ils emportaient trois cents jeunes garçons et trois cents jeunes filles, de l'âge de quinze ans, tirés au sort entre les familles de Cornouailles. Or, cette année, le roi avait envoyé vers Tintagel, pour porter son message, un chevalier géant, le Morholt, dont il avait épousé la sœur, et que

note ⎯⎯⎯⎯⎯⎯⎯⎯⎯⎯⎯⎯⎯⎯⎯⎯⎯⎯⎯⎯⎯⎯

1. tribut : contribution forcée, imposée au vaincu par le vainqueur.

nul n'avait jamais pu vaincre en bataille. Mais le roi Marc, par
15 lettres scellées, avait convoqué à sa cour tous les barons de sa
terre, pour prendre leur conseil.

Au terme marqué, quand les barons furent assemblés dans la
salle voûtée du palais et que Marc se fut assis sous le dais[1],
le Morholt parla ainsi :

20 « Roi Marc, entends pour la dernière fois le mandement[2] du roi
d'Irlande, mon seigneur. Il te semond[3] de payer enfin le tribut
que tu lui dois. Pour ce que tu l'as trop longtemps refusé, il te
requiert[4] de me livrer en ce jour trois cents jeunes garçons et trois
cents jeunes filles, de l'âge de quinze ans, tirés au sort entre les
25 familles de Cornouailles. Ma nef, ancrée au port de Tintagel,
les emportera pour qu'ils deviennent nos serfs[5]. Pourtant, – et je
n'excepte que toi seul, roi Marc, ainsi qu'il convient, – si
quelqu'un de tes barons veut prouver par bataille que le roi
d'Irlande lève ce tribut contre le droit, j'accepterai son gage.
30 Lequel d'entre vous, seigneurs cornouaillais, veut combattre pour
la franchise[6] de ce pays ? »

Les barons se regardaient entre eux à la dérobée, puis baissaient
la tête. Celui-ci se disait : « Vois, malheureux, la stature du Morholt
d'Irlande : il est plus fort que quatre hommes robustes. Regarde
35 son épée : ne sais-tu point que par sortilège elle a fait voler la tête
des plus hardis[7] champions, depuis tant d'années que le roi
d'Irlande envoie ce géant porter ses défis par les terres vassales ?
Chétif, veux-tu chercher la mort ? À quoi bon tenter Dieu ? » Cet
autre songeait : « Vous ai-je élevés, chers fils, pour les besognes des

---

notes

1. dais : ouvrage en pierre,
de bois sculpté ou de tissus
qui soutient des tentures,
élevé au-dessus d'un trône,
d'un autel ou d'une chaire.

2. mandement : demande.

3. il te semond :
il t'ordonne.

4. il te requiert :
il te réclame.

5. serfs : dans le système
féodal, le serf est un paysan
attaché à un seigneur

et à une terre dont il ne
peut disposer et qu'il n'a
pas le droit de quitter.

6. franchise : libération.

7. hardis : courageux,
audacieux.

40 serfs, et vous, chères filles, pour celles des filles de joie ? Mais ma
mort ne vous sauverait pas. » Et tous se taisaient.

Le Morholt dit encore :

« Lequel d'entre vous, seigneurs cornouaillais, veut prendre mon
gage ? Je lui offre une belle bataille : car, à trois jours d'ici, nous
45 gagnerons sur des barques l'île Saint-Samson, au large de Tintagel.
Là, votre chevalier et moi, nous combattrons seul à seul, et la
louange d'avoir tenté la bataille rejaillira sur toute sa parenté. »

Ils se taisaient toujours, et le Morholt ressemblait au gerfaut[1]
que l'on enferme dans une cage avec de petits oiseaux : quand il
50 y entre, tous deviennent muets.

Le Morholt parla pour la troisième fois :

« Eh bien, beaux seigneurs cornouaillais, puisque ce parti vous
semble le plus noble, tirez vos enfants au sort et je les emporterai.
Mais je ne croyais pas que ce pays ne fût habité que par des serfs. »
55 Alors Tristan s'agenouilla aux pieds du roi Marc, et dit :

« Seigneur roi, s'il vous plaît de m'accorder ce don, je ferai
la bataille. »

En vain le roi Marc voulut l'en détourner. Il était jeune chevalier : de quoi lui servirait sa hardiesse ? Mais Tristan donna son
60 gage au Morholt, et le Morholt le reçut.

Au jour dit, Tristan se plaça sur une courtepointe de cendal
vermeil[2], et se fit armer pour la haute aventure. Il revêtit le haubert
et le heaume[3] d'acier bruni. Les barons pleuraient de pitié sur le
preux et de honte sur eux-mêmes. « Ah ! Tristan, se disaient-ils,
65 hardi baron, belle jeunesse, que n'ai-je, plutôt que toi, entrepris
cette bataille ! Ma mort jetterait un moindre deuil sur cette
terre !... » Les cloches sonnent, et tous, ceux de la baronnie et ceux

notes ....

1. gerfaut: grand
oiseau rapace.

2. cendal vermeil: étoffe
de soie de couleur rouge vif.

3. le haubert et le heaume:
chemise de mailles
métalliques
et casque protecteur.

**Duel entre Tristan et le Morholt.
Enluminure allemande d'un manuscrit, v. 1240.**

de la gent menue[1], vieillards, enfants et femmes, pleurant et priant, escortent Tristan jusqu'au rivage. Ils espéraient encore, car
70 l'espérance au cœur des hommes vit de chétive pâture[2].

Tristan monta seul dans une barque et cingla vers l'île Saint-Samson. Mais le Morholt avait tendu à son mât une voile de riche pourpre[3], et le premier il aborda dans l'île. Il attachait sa barque au rivage, quand Tristan, touchant terre à son tour, repoussa du
75 pied la sienne vers la mer.

«Vassal, que fais-tu? dit le Morholt, et pourquoi n'as-tu pas retenu comme moi ta barque par une amarre?

— Vassal, à quoi bon? répondit Tristan. L'un de nous reviendra seul vivant d'ici: une seule barque ne lui suffit-elle pas?»
80 Et tous deux, s'excitant au combat par des paroles outrageuses, s'enfoncèrent dans l'île.

Nul ne vit l'âpre bataille; mais, par trois fois, il sembla que la brise de mer portait au rivage un cri furieux. Alors, en signe de deuil, les femmes battaient leurs paumes en chœur, et les com-
85 pagnons du Morholt, massés à l'écart devant leurs tentes, riaient. Enfin, vers l'heure de none[4], on vit au loin se tendre la voile de pourpre; la barque de l'Irlandais se détacha de l'île, et une clameur de détresse retentit: «Le Morholt! le Morholt!» Mais, comme la barque grandissait, soudain, au sommet d'une vague, elle montra
90 un chevalier qui se dressait à la proue; chacun de ses poings tendait une épée brandie: c'était Tristan. Aussitôt vingt barques volèrent à sa rencontre et les jeunes hommes se jetaient à la nage. Le preux s'élança sur la grève et, tandis que les mères à genoux baisaient ses chausses[5] de fer, il cria aux compagnons du Morholt:

notes ....

1. gent menue:
petit peuple.

2. l'espérance au cœur des hommes vit de chétive pâture: il suffit de peu pour que l'espoir vive dans le cœur des hommes.

3. pourpre: riche tissu de couleur rouge vif.

4. none: quinze heures.

5. chausses: partie du vêtement des hommes qui couvre le corps depuis la ceinture jusqu'aux genoux ou plus bas. Le chevalier peut revêtir, lors des combats, des chausses de mailles métalliques pour davantage de protection.

95 «Seigneurs d'Irlande, le Morholt a bien combattu. Voyez :
mon épée est ébréchée[1], un fragment de la lame est resté enfoncé
dans son crâne. Emportez ce morceau d'acier, seigneurs : c'est le
tribut de la Cornouailles!»

Alors il monta vers Tintagel. Sur son passage, les enfants délivrés
100 agitaient à grands cris des branches vertes, et de riches courtines[2]
se tendaient aux fenêtres. Mais quand, parmi les chants d'allé-
gresse, aux bruits des cloches, des trompes et des buccines[3],
si retentissants qu'on n'eût pas ouï[4] Dieu tonner, Tristan parvint
au château, il s'affaissa entre les bras du roi Marc : et le sang
105 ruisselait de ses blessures.

À grand déconfort[5], les compagnons du Morholt abordèrent en
Irlande. Naguère, quand il rentrait au port de Weisefort, le Morholt
se réjouissait à revoir ses hommes assemblés qui l'acclamaient en
foule, et la reine sa sœur, et sa nièce, Iseut la Blonde, aux cheveux
110 d'or, dont la beauté brillait déjà comme l'aube qui se lève.
Tendrement elles lui faisaient accueil, et, s'il avait reçu quelque
blessure, elles le guérissaient; car elles savaient les baumes et les
breuvages qui raniment les blessés déjà pareils à des morts. Mais de
quoi leur serviraient maintenant les recettes magiques, les herbes
115 cueillies à l'heure propice, les philtres[6]? Il gisait mort, cousu dans
un cuir de cerf, et le fragment de l'épée ennemie était encore
enfoncé dans son crâne. Iseut la Blonde l'en retira pour l'enfermer
dans un coffret d'ivoire, précieux comme un reliquaire[6]. Et,
courbées sur le grand cadavre, la mère et la fille, redisant sans fin
120 l'éloge du mort et sans répit lançant la même imprécation[8] contre
le meurtrier, menaient à tour de rôle parmi les femmes le regret

notes

1. **ébréchée:** entaillée, dont il manque un bout.
2. **courtines:** tentures de rideaux.
3. **buccines:** instruments de musique.

4. **ouï:** entendu.
5. **déconfort:** perte de confort, de courage.
6. **philtres:** boissons aux vertus magiques (par exemple celle de provoquer l'amour).

7. **reliquaire:** boîte renfermant des reliques, c'est-à-dire les restes du corps d'un saint, conservés dans un objec- tif de vénération.
8. **imprécation:** malédiction.

funèbre. De ce jour, Iseut la Blonde apprit à haïr le nom de Tristan de Loonnois.

Mais, à Tintagel, Tristan languissait : un sang venimeux découlait
125 de ses blessures. Les médecins connurent que le Morholt avait enfoncé dans sa chair un épieu empoisonné, et comme leurs boissons et leur thériaque[1] ne pouvaient le sauver, ils le remirent à la garde de Dieu. Une puanteur si odieuse s'exhalait de ses plaies que tous ses plus chers amis le fuyaient, tous, sauf le roi Marc, Gorvenal
130 et Dinas de Lidan. Seuls, ils pouvaient demeurer à son chevet, et leur amour surmontait leur horreur. Enfin, Tristan se fit porter dans une cabane construite à l'écart sur le rivage ; et, couché devant les flots, il attendait la mort. Il songeait : « Vous m'avez donc abandonné, roi Marc, moi qui ai sauvé l'honneur de votre terre ? Non, je le
135 sais, bel oncle, que vous donneriez votre vie pour la mienne ; mais que pourrait votre tendresse ? il me faut mourir. Il est doux, pourtant, de voir le soleil, et mon cœur est hardi encore. Je veux tenter la mer aventureuse… Je veux qu'elle m'emporte au loin, seul. Vers quelle terre ? je ne sais, mais là peut-être où je trouverai qui me
140 guérisse. Et peut-être un jour vous servirai-je encore, bel oncle, comme votre harpeur, et votre veneur, et votre bon vassal. »

Il supplia tant, que le roi Marc consentit à son désir. Il le porta sur une barque sans rames ni voile, et Tristan voulut qu'on déposât seulement sa harpe près de lui. À quoi bon les voiles que
145 ses bras n'auraient pu dresser ? À quoi bon les rames ? À quoi bon l'épée ? Comme un marinier, au cours d'une longue traversée, lance par-dessus bord le cadavre d'un ancien compagnon, ainsi, de ses bras tremblants, Gorvenal poussa au large la barque où gisait son cher fils, et la mer l'emporta.

150 Sept jours et sept nuits, elle l'entraîna doucement. Parfois, Tristan harpait pour charmer[2] sa détresse. Enfin, la mer, à son insu, l'approcha d'un rivage. Or, cette nuit-là, des pêcheurs avaient quitté

notes ....

| **1. thériaque :** antidote. | **2. charmer :** apaiser.

le port pour jeter leurs filets au large, et ramaient, quand ils entendirent une mélodie douce, hardie et vive, qui courait au ras des flots.
155 Immobiles, leurs avirons suspendus sur les vagues, ils écoutaient;
dans la première blancheur de l'aube, ils aperçurent la barque
errante. «Ainsi, se disaient-ils, une musique surnaturelle enveloppait
la nef de saint Brendan[1], quand elle voguait vers les îles Fortunées
sur la mer aussi blanche que le lait.» Ils ramèrent pour atteindre la
160 barque: elle allait à la dérive, et rien n'y semblait vivre, que la voix
de la harpe; mais, à mesure qu'ils approchaient, la mélodie s'af-
faiblit, elle se tut, et, quand ils accostèrent, les mains de Tristan
étaient retombées inertes sur les cordes frémissantes encore. Ils le
recueillirent et retournèrent vers le port pour remettre le blessé à
165 leur dame compatissante qui saurait peut-être le guérir.

Hélas! ce port était Weisefort, où gisait le Morholt, et leur dame
était Iseut la Blonde. Elle seule, habile aux philtres, pouvait sauver
Tristan; mais, seule parmi les femmes, elle voulait sa mort.
Quand Tristan, ranimé par son art, se reconnut, il comprit que les
170 flots l'avaient jeté sur une terre de péril. Mais, hardi encore à
défendre sa vie, il sut trouver rapidement de belles paroles rusées.
Il conta qu'il était un jongleur qui avait pris passage sur une nef
marchande; il naviguait vers l'Espagne pour y apprendre l'art de
lire dans les étoiles; des pirates avaient assailli la nef: blessé, il s'était
175 enfui sur cette barque. On le crut: nul des compagnons du
Morholt ne reconnut le beau chevalier de l'île Saint-Samson, si
laidement le venin avait déformé ses traits. Mais quand, après quarante jours, Iseut aux cheveux d'or l'eut presque guéri, comme
déjà, en ses membres assouplis, commençait à renaître la grâce de
180 la jeunesse, il comprit qu'il fallait fuir; il s'échappa, et, après maints
dangers courus, un jour il reparut devant le roi Marc.

note

1. la nef de saint Brendan:
surnommé «le Navigateur»,
Brendan est un saint
irlandais du VIe siècle dont
la légende obtient grande
renommée. S'aventurant
sur l'Atlantique pendant
de nombreuses années, il
retourne en Irlande après
des aventures fabuleuses,
affirmant avoir découvert
une île qu'il assimile
au paradis terrestre.

Chapitre III

LA QUÊTE DE LA BELLE AUX CHEVEUX D'OR

Il y avait à la cour du roi Marc quatre barons, les plus félons des hommes, qui haïssaient Tristan de male haine pour sa prouesse et pour le tendre amour que le roi lui portait. Et je sais vous redire leurs noms : Andret, Guenelon, Gondoïne et Denoalen ; or le duc Andret était, comme Tristan, un neveu du roi Marc. Connaissant que le roi méditait de vieillir sans enfants pour laisser sa terre à Tristan, leur envie s'irrita, et, par des mensonges, ils animaient contre Tristan les hauts hommes de Cornouailles :

« Que de merveilles en sa vie ! disaient les félons ; mais vous êtes des hommes de grand sens[1], seigneurs, et qui savez sans doute en rendre raison. Qu'il ait triomphé du Morholt, voilà déjà un beau prodige ; mais par quels enchantements a-t-il pu, presque mort,

note ....

1. de grand sens :
de grande intelligence.

voguer seul sur la mer? Lequel de nous, seigneurs, dirigerait une
nef sans rames ni voile? Les magiciens le peuvent, dit-on. Puis, en
15 quel pays de sortilège a-t-il pu trouver remède à ses plaies?
Certes, il est un enchanteur; oui, sa barque était fée[1] et pareillement son épée, et sa harpe est enchantée, qui chaque jour verse
des poisons au cœur du roi Marc! Comme il a su dompter ce
cœur par puissance et charme de sorcellerie! Il sera roi, seigneurs,
20 et vous tiendrez vos terres d'un magicien!»

Ils persuadèrent la plupart des barons: car beaucoup d'hommes
ne savent pas que ce qui est du pouvoir des magiciens, le cœur
peut aussi l'accomplir par la force de l'amour et de la hardiesse.
C'est pourquoi les barons pressèrent le roi Marc de prendre
25 à femme une fille de roi, qui lui donnerait des hoirs[2]; s'il refusait,
ils se retireraient dans leurs forts châteaux pour le guerroyer. Le
roi résistait et jurait en son cœur qu'aussi longtemps que vivrait
son cher neveu, nulle fille de roi n'entrerait en sa couche. Mais,
à son tour, Tristan qui supportait à grand'honte le soupçon
30 d'aimer son oncle à bon profit, le menaça: que le roi se rendît à
la volonté de sa baronnie; sinon, il abandonnerait la cour, il s'en
irait servir le riche roi de Gavoie. Alors Marc fixa un terme à ses
barons: à quarante jours de là, il dirait sa pensée.

Au jour marqué, seul dans sa chambre, il attendait leur venue
35 et songeait tristement: «Où donc trouver fille de roi si lointaine et inaccessible que je puisse feindre, mais feindre seulement,
de la vouloir pour femme?»

À cet instant, par la fenêtre ouverte sur la mer, deux hirondelles qui bâtissaient leur nid entrèrent en se querellant, puis,

notes

1. **fée**: magique, enchantée.
La fée est une créature surnaturelle, issue des croyances
populaires (folklore),

de la mythologie et,
plus tard, de la littérature fantastique.
2. **hoirs**: héritiers.

40 brusquement effarouchées, disparurent. Mais de leurs becs s'était échappé un long cheveu de femme, plus fin que fil de soie, qui brillait comme un rayon de soleil.

Marc, l'ayant pris, fit entrer les barons et Tristan, et leur dit :

«Pour vous complaire[1], seigneurs, je prendrai femme, si 45 toutefois vous voulez quérir celle que j'ai choisie.

— Certes, nous le voulons, beau seigneur; qui donc est celle que vous avez choisie ?

— J'ai choisi celle à qui fut ce cheveu d'or, et sachez que je n'en veux point d'autre;

50 — Et de quelle part, beau seigneur, vous vient ce cheveu d'or ? qui vous l'a porté ? et de quel pays ?

— Il me vient, seigneurs, de la Belle aux cheveux d'or; deux hirondelles me l'ont porté; elles savent de quel pays.»

Les barons comprirent qu'ils étaient raillés et déçus[2]. Ils 55 regardaient Tristan avec dépit, car ils le soupçonnaient d'avoir conseillé cette ruse. Mais Tristan, ayant considéré le cheveu d'or, se souvint d'Iseut la Blonde. Il sourit et parla ainsi :

«Roi Marc, vous agissez à grand tort; et ne voyez-vous pas que les soupçons de ces seigneurs me honnissent[3] ? Mais vainement 60 vous avez préparé cette dérision : j'irai quérir la Belle aux cheveux d'or. Sachez que la quête est périlleuse et qu'il me sera plus malaisé de retourner de son pays que de l'île où j'ai tué le Morholt; mais de nouveau je veux mettre pour vous, bel oncle, mon corps et ma vie à l'aventure. Afin que vos barons connais-65 sent si je vous aime d'amour loyal, j'engage ma foi par ce serment : ou je mourrai dans l'entreprise, ou je ramènerai en ce château de Tintagel la Reine aux blonds cheveux.»

notes ....

| **1. vous complaire:** | **2. raillés et déçus:** | **3. me honnissent:** me |
| vous faire plaisir. | ridiculisés et désappointés. | blâment, me font honte. |

Il équipa une belle nef, qu'il garnit de froment[1], de vin, de miel et de toutes bonnes denrées. Il y fit monter, outre Gorvenal, cent
70 jeunes chevaliers de haut parage[2], choisis parmi les plus hardis, et les affubla de cottes de bure[3] et de chapes de camelin[4] grossier, en sorte qu'ils ressemblaient à des marchands ; mais, sous le pont de la nef, ils cachaient les riches habits de drap d'or, de cendal et d'écarlate, qui conviennent aux messagers d'un roi puissant.

75 Quand la nef eut pris le large, le pilote demanda :

« Beau seigneur, vers quelle terre naviguer ?

– Ami, cingle vers l'Irlande, droit au port de Weisefort. »

Le pilote frémit. Tristan ne savait-il pas que, depuis le meurtre du Morholt, le roi d'Irlande pourchassait les nefs cornouaillaises ?
80 Les mariniers saisis, il les pendait à des fourches. Le pilote obéit pourtant et gagna la terre périlleuse.

D'abord, Tristan sut persuader aux hommes de Weisefort que ses compagnons étaient des marchands d'Angleterre venus pour trafiquer en paix. Mais, comme ces marchands d'étrange sorte
85 consumaient le jour[5] aux nobles jeux des tables et des échecs et paraissaient mieux s'entendre à manier les dés qu'à mesurer le froment, Tristan redoutait d'être découvert, et ne savait comment entreprendre sa quête.

Or, un matin, au point du jour, il ouït une voix si épouvantable
90 qu'on eût dit le cri d'un démon. Jamais il n'avait entendu bête glapir en telle guise, si horrible et si merveilleuse. Il appela une femme qui passait sur le port :

« Dites-moi, fait-il, dame, d'où vient cette voix que j'ai ouïe ? ne me le cachez pas.

notes

1. froment : blé.
2. de haut parage : d'origine noble.
3. cottes de bure : tuniques de laine brune et de piètre qualité.

4. chapes de camelin : manteaux à capuchon en poils de chèvre ou de chameau.
5. consumaient le jour : passaient leurs journées.

95 — Certes, sire, je vous le dirai sans mensonge. Elle vient d'une bête fière et la plus hideuse qui soit au monde. Chaque jour, elle descend de sa caverne et s'arrête à l'une des portes de la ville. Nul n'en peut sortir, nul n'y peut entrer, qu'on n'ait livré au dragon une jeune fille ; et, dès qu'il la tient entre ses griffes, il la dévore

100 en moins de temps qu'il n'en faut pour dire une patenôtre[1].

— Dame, dit Tristan, ne vous raillez pas de moi, mais dites-moi s'il serait possible à un homme né de mère de l'occire en bataille.

— Certes, beau doux sire, je ne sais ; ce qui est assuré, c'est que vingt chevaliers éprouvés ont déjà tenté l'aventure ; car le roi

105 d'Irlande a proclamé par voix de héraut[2] qu'il donnerait sa fille Iseut la Blonde à qui tuerait le monstre ; mais le monstre les a tous dévorés. »

Tristan quitte la femme et retourne vers sa nef. Il s'arme en secret, et il eût fait beau voir sortir de la nef de ces marchands si

110 riche destrier[3] de guerre et si fier chevalier. Mais le port était désert, car l'aube venait à peine de poindre, et nul ne vit le preux chevaucher jusqu'à la porte que la femme lui avait montrée. Soudain, sur la route, cinq hommes dévalèrent, qui éperonnaient[4] leurs chevaux, les freins abandonnés[5], et fuyaient vers la ville.

115 Tristan saisit au passage l'un d'entre eux par ses rouges cheveux tressés, si fortement qu'il le renversa sur la croupe de son cheval et le maintint arrêté :

« Dieu vous sauve, beau sire ! dit Tristan ; par quelle route vient le dragon ? »

120 Et quand le fuyard lui eut montré la route, Tristan le relâcha.

notes ┈┈┈┈┈┈┈┈┈┈┈┈┈┈┈┈┈┈┈┈┈┈┈┈┈┈┈┈┈┈┈┈┈┈┈

1. patenôtre : équivalent du « Notre Père » en français, « Pater Noster » en latin, une des prières les plus connues des catholiques.

2. héraut : officier chargé de transmettre les messages importants.

3. destrier : cheval de bataille, que le chevalier menait à sa droite (d'où son nom) lorsqu'il se déplaçait, monté sur son palefroi (cheval de voyage).

4. éperonnaient : piquaient les chevaux de leurs éperons. L'éperon est fixé au talon du chevalier.

5. les freins abandonnés : sans les freins, c'est-à-dire à brides abattues.

Le monstre approchait. Il avait la tête d'une guivre[1], les yeux rouges et tels que des charbons embrasés, deux cornes au front, les oreilles longues et velues, des griffes de lion, une queue de serpent, le corps écailleux d'un griffon[2].

125 Tristan lança contre lui son destrier d'une telle force que, tout hérissé de peur, il bondit pourtant contre le monstre. La lance de Tristan heurta les écailles et vola en éclats. Aussitôt le preux tire son épée, la lève et l'assène sur la tête du dragon, mais sans même entamer le cuir. Le monstre a senti l'atteinte, pourtant; il lance ses
130 griffes contre l'écu, les y enfonce, et en fait voler les attaches. La poitrine découverte, Tristan le requiert encore de l'épée, et le frappe sur les flancs d'un coup si violent que l'air en retentit. Vainement: il ne peut le blesser. Alors, le dragon vomit par les naseaux un double jet de flammes venimeuses: le haubert de
135 Tristan noircit comme un charbon éteint, son cheval s'abat et meurt. Mais, aussitôt relevé, Tristan enfonce sa bonne épée dans la gueule du monstre: elle y pénètre toute et lui fend le cœur en deux parts. Le dragon pousse une dernière fois son cri horrible et meurt.

Tristan lui coupa la langue et la mit dans sa chausse. Puis, tout
140 étourdi par la fumée âcre, il marcha, pour y boire, vers une eau stagnante qu'il voyait briller à quelque distance. Mais le venin distillé par la langue du dragon s'échauffa contre son corps, et, dans les hautes herbes qui bordaient le marécage, le héros tomba inanimé.

145 Or, sachez que le fuyard aux rouges cheveux tressés était Aguynguerran le Roux, le sénéchal du roi d'Irlande, et

---

notes

1. guivre: créature fantastique de la matière de Bretagne, dotée d'un corps de serpent, d'ailes de chauve-souris et de pattes de pourceau. La guivre garde généralement un trésor enfoui.

2. griffon: créature fantastique douée des attributs physiques de l'aigle et du lion.

qu'il convoitait Iseut la Blonde. Il était couard[1], mais telle est la puissance de l'amour que chaque matin il s'embusquait[2], armé, pour assaillir le monstre ; pourtant, du plus loin qu'il entendait
150 son cri, le preux fuyait. Ce jour-là, suivi de ses quatre compagnons, il osa rebrousser chemin. Il trouva le dragon abattu, le cheval mort, l'écu brisé, et pensa que le vainqueur achevait de mourir en quelque lieu. Alors, il trancha la tête du monstre, la porta au roi et réclama le beau salaire promis.

155 Le roi ne crut guère à sa prouesse ; mais voulant lui faire droit, il fit semondre ses vassaux de venir à sa cour, à trois jours de là : devant le barnage[3] assemblé, le sénéchal Aguynguerran fournirait la preuve de sa victoire.

Quand Iseut la Blonde apprit qu'elle serait livrée à ce couard,
160 elle fit d'abord une longue risée, puis se lamenta. Mais, le lendemain, soupçonnant l'imposture, elle prit avec elle son valet, le blond, le fidèle Perinis, et Brangien, sa jeune servante et sa compagne, et tous trois chevauchèrent en secret vers le repaire du monstre, tant qu'Iseut remarqua sur la route des empreintes de
165 forme singulière : sans doute, le cheval qui avait passé là n'avait pas été ferré en ce pays. Puis elle trouva le monstre sans tête et le cheval mort ; il n'était pas harnaché[4] selon la coutume d'Irlande. Certes, un étranger avait tué le dragon ; mais vivait-il encore ?

Iseut, Perinis et Brangien le cherchèrent longtemps ; enfin,
170 parmi les herbes du marécage, Brangien vit briller le heaume du preux. Il respirait encore. Perinis le prit sur son cheval et le porta secrètement dans les chambres des femmes. Là, Iseut conta l'aventure à sa mère, et lui confia l'étranger. Comme la reine lui ôtait son armure, la langue envenimée du dragon tomba de sa chausse.

---

notes

1. couard : lâche, peureux. Le couard est l'antithèse du preux.

2. s'embusquait : se cachait (afin d'attaquer un ennemi par surprise).

3. barnage : ensemble des barons, des seigneurs.
4. harnaché : équipé d'un harnais.

175 Alors la reine d'Irlande réveilla le blessé par la vertu d'une herbe, et lui dit :

« Étranger, je sais que tu es vraiment le tueur du monstre. Mais notre sénéchal, un félon, un couard, lui a tranché la tête et réclame ma fille Iseut la Blonde pour sa récompense. Sauras-tu, à deux 180 jours d'ici, lui prouver son tort par bataille ?

— Reine, dit Tristan, le terme est proche. Mais, sans doute, vous pouvez me guérir en deux journées. J'ai conquis Iseut sur le dragon ; peut-être je la conquerrai sur le sénéchal. »

Alors la reine l'hébergea richement, et brassa pour lui des 185 remèdes efficaces. Au jour suivant, Iseut la Blonde lui prépara un bain et doucement oignit[1] son corps d'un baume que sa mère avait composé. Elle arrêta ses regards sur le visage du blessé, vit qu'il était beau, et se prit à penser : « Certes, si sa prouesse vaut sa beauté, mon champion fournira une rude bataille ! » Mais Tristan, 190 ranimé par la chaleur de l'eau et la force des aromates, la regardait, et, songeant qu'il avait conquis la Reine aux cheveux d'or, se mit à sourire. Iseut le remarqua et se dit : « Pourquoi cet étranger a-t-il souri ? Ai-je rien fait qui ne convienne pas ? Ai-je négligé l'un des services qu'une jeune fille doit rendre à son 195 hôte ? Oui, peut-être a-t-il ri parce que j'ai oublié de parer ses armes ternies par le venin. »

Elle vint donc là où l'armure de Tristan était déposée : « Ce heaume est de bon acier, pensa-t-elle, et ne lui faudra pas au besoin. Et ce haubert est fort, léger, bien digne d'être porté par 200 un preux. » Elle prit l'épée par la poignée : « Certes, c'est là une belle épée, et qui convient à un hardi baron. »

Elle tire du riche fourreau, pour l'essuyer, la lame sanglante. Mais elle voit qu'elle est largement ébréchée. Elle remarque la forme de l'entaille : ne serait-ce point la lame qui s'est brisée dans

note ....

| **1. oignit :** huila.

77

205 la tête du Morholt? Elle hésite, regarde encore, veut s'assurer de son doute. Elle court à la chambre où elle gardait le frag- ment d'acier retiré naguère du crâne du Morholt. Elle joint le fragment à la brèche ; à peine voyait-on la trace de la brisure.

Alors elle se précipita vers Tristan, et, faisant tournoyer sur la 210 tête du blessé la grande épée, elle cria :

« Tu es Tristan de Loonnois, le meurtrier du Morholt, mon cher oncle. Meurs donc à ton tour ! »

Tristan fit effort pour arrêter son bras ; vainement ; son corps était perclus[1], mais son esprit restait agile. Il parla donc 215 avec adresse[2] :

« Soit, je mourrai ; mais, pour t'épargner les longs repentirs, écoute. Fille de roi, sache que tu n'as pas seulement le pouvoir, mais le droit de me tuer. Oui, tu as droit sur ma vie, puisque deux fois tu me l'as conservée et rendue. Une première fois, naguère : 220 j'étais le jongleur blessé que tu as sauvé quand tu as chassé de son corps le venin dont l'épieu du Morholt l'avait empoisonné. Ne rougis pas, jeune fille, d'avoir guéri ces blessures : ne les avais-je pas reçues en loyal combat ? ai-je tué le Morholt en trahison ? ne m'avait-il pas défié ? ne devais-je pas défendre mon corps ? Pour 225 la seconde fois, en m'allant chercher au marécage, tu m'as sauvé. Ah ! c'est pour toi, jeune fille, que j'ai combattu le dragon… Mais laissons ces choses : je voulais te prouver seulement que, m'ayant par deux fois délivré du péril de la mort, tu as droit sur ma vie. Tue-moi donc, si tu penses y gagner louange et gloire. Sans

notes

1. perclus: mal en point, endolori, qui a du mal à se mouvoir.

2. La tirade dite ici par Tristan constitue un parfait exemple de courtoisie.

Elle expose la volonté de soumission du chevalier devant une dame supérieure qui, par les épreuves qu'elle lui impose, doit l'amener à progresser sur l'échelle des valeurs courtoises.

Ajoutons toutefois qu'il y a une part de manipulation dans les propos de Tristan qui, à ce moment, s'aban- donne à la bonne volonté d'Iseut pour éviter qu'elle ne le tue par vengeance.

230 doute, quand tu seras couchée entre les bras du preux sénéchal, il te sera doux de songer à ton hôte blessé, qui avait risqué sa vie pour te conquérir et t'avait conquise, et que tu auras tué sans défense dans ce bain. »

Iseut s'écria :

235 « J'entends merveilleuses paroles. Pourquoi le meurtrier du Morholt a-t-il voulu me conquérir ? Ah ! sans doute, comme le Morholt avait jadis tenté de ravir sur sa nef les jeunes filles de Cornouailles, à ton tour, par belles représailles, tu as fait cette vantance[1] d'emporter comme ta serve[2] celle que le Morholt chéris-
240 sait entre les jeunes filles…

— Non, fille de roi, dit Tristan. Mais un jour deux hirondelles ont volé jusqu'à Tintagel pour y porter l'un de tes cheveux d'or. J'ai cru qu'elles venaient m'annoncer paix et amour. C'est pourquoi je suis venu te quérir par delà la mer. C'est pourquoi
245 j'ai affronté le monstre et son venin. Vois ce cheveu cousu parmi les fils d'or de mon bliaut[3] ; la couleur des fils d'or a passé : l'or du cheveu ne s'est pas terni[4]. »

Iseut regarda la grande épée et prit en mains le bliaut de Tristan. Elle y vit le cheveu d'or et se tut longuement ; puis elle baisa son
250 hôte sur les lèvres en signe de paix et le revêtit de riches habits.

Au jour de l'assemblée des barons, Tristan envoya secrètement vers sa nef Perinis, le valet d'Iseut, pour mander à ses compagnons de se rendre à la cour, parés comme il convenait aux messagers

notes

1. tu as fait cette vantance : tu t'es vanté d'avoir accompli cette prouesse.
2. serve : féminin de serf.

3. bliaut : longue tunique.
4. La beauté fait partie des principales qualités courtoises. Dans la littérature médiévale,

les bons et les nobles sont généralement beaux, alors que les félons et les pauvres sont laids.

Ruines du château de Tintagel, Angleterre.

255 d'un riche roi : car il espérait atteindre ce jour même au terme de
l'aventure. Gorvenal et les cent chevaliers se désolaient depuis
quatre jours d'avoir perdu Tristan ; ils se réjouirent de la nouvelle.

Un à un, dans la salle où déjà s'amassaient sans nombre
les barons d'Irlande, ils entrèrent, s'assirent à la file sur un
même rang, et les pierreries ruisselaient au long de leurs riches
260 vêtements d'écarlate, de cendal et de pourpre. Les Irlandais disaient entre eux : « Quels sont ces seigneurs magnifiques ? Qui les
connaît ? Voyez ces manteaux somptueux, parés de zibeline[1] et
d'orfroi[2] ! Voyez au pommeau des épées, au fermail[3] des pelisses,
chatoyer les rubis, les béryls[4], les émeraudes et tant de pierres que
265 nous ne savons même pas nommer ! Qui donc vit jamais splen-
deur pareille ? D'où viennent ces seigneurs ? À qui sont-ils ? »
Mais les cent chevaliers se taisaient et ne se mouvaient de leurs
sièges pour nul qui entrât.

Quand le roi d'Irlande fut assis sous le dais, le sénéchal
270 Aguynguerran le Roux offrit de prouver par témoins et de
soutenir par bataille qu'il avait tué le monstre et qu'Iseut devait
lui être livrée. Alors Iseut s'inclina devant son père et dit :

« Roi, un homme est là, qui prétend convaincre votre sénéchal
de mensonge et de félonie. À cet homme prêt à prouver qu'il
275 a délivré votre terre du fléau et que votre fille ne doit pas être
abandonnée à un couard, promettez-vous de pardonner ses torts
anciens, si grands soient-ils, et de lui accorder votre merci et
votre paix ? »

notes

1. zibeline : fourrure
de qualité.
2. orfroi : étoffe tissée
d'or ou d'argent.

3. fermail : broche épinglée
à un pan du manteau pour
le fermer.
4. béryls : variété de
pierres précieuses.

Le roi y pensa et ne se hâtait pas de répondre. Mais ses barons

280 crièrent en foule :

« Octroyez-le, sire, octroyez-le ! »

Le roi dit :

« Et je l'octroie ! »

Mais Iseut s'agenouilla à ses pieds :

285 « Père, donnez-moi d'abord le baiser de merci[1] et de paix, en signe que vous le donnerez pareillement à cet homme ! »

Quand elle eut reçu le baiser, elle alla chercher Tristan et le conduisit par la main dans l'assemblée. À sa vue, les cent chevaliers se levèrent à la fois, le saluèrent les bras en croix sur la

290 poitrine, se rangèrent à ses côtés, et les Irlandais virent qu'il était leur seigneur. Mais plusieurs le reconnurent alors, et un grand cri retentit : « C'est Tristan de Loonnois, c'est le meurtrier du Morholt ! » Les épées nues brillèrent et des voix furieuses répétaient : « Qu'il meure ! »

295 Mais Iseut s'écria :

« Roi, baise cet homme sur la bouche, ainsi que tu l'as promis ! »

Le roi le baisa sur la bouche, et la clameur s'apaisa.

Alors Tristan montra la langue du dragon, et offrit la bataille au sénéchal, qui n'osa l'accepter et reconnut son forfait. Puis

300 Tristan parla ainsi :

« Seigneurs, j'ai tué le Morholt, mais j'ai franchi la mer pour vous offrir belle amendise[2]. Afin de racheter le méfait, j'ai mis mon corps en péril de mort et je vous ai délivrés du monstre, et voici que j'ai conquis Iseut la Blonde, la belle. L'ayant

305 conquise, je l'emporterai donc sur ma nef. Mais, afin que par les terres d'Irlande et de Cornouailles se répande non plus la haine, mais l'amour, sachez que le roi Marc, mon cher seigneur, l'épousera. Voyez ici cent chevaliers de haut parage prêts à jurer

notes ....

I **1. merci :** pardon.   I **2. amendise :** réparation.

sur les reliques des saints que le roi Marc vous mande paix et
amour, que son désir est d'honorer Iseut comme sa chère
femme épousée, et que tous les hommes de Cornouailles la
serviront comme leur dame et leur reine. »

On apporta les corps saints à grand'joie, et les cent chevaliers
jurèrent qu'il avait dit vérité.

Le roi prit Iseut par la main et demanda à Tristan s'il la
conduirait loyalement à son seigneur. Devant ses cent chevaliers
et devant les barons d'Irlande, Tristan le jura.

Iseut la Blonde frémissait de honte et d'angoisse. Ainsi Tristan,
l'ayant conquise, la dédaignait ; le beau conte du Cheveu d'or
n'était que mensonge, et c'est à un autre qu'il la livrait… Mais le
roi posa la main droite d'Iseut dans la main droite de Tristan, et
Tristan la retint en signe qu'il se saisissait d'elle, au nom du roi
de Cornouailles.

Ainsi, pour l'amour du roi Marc, par la ruse et par la force,
Tristan accomplit la quête de la Reine aux cheveux d'or.

Chapitre IV

LE PHILTRE

Quand le temps approcha de remettre Iseut aux chevaliers de Cornouailles, sa mère cueillit des herbes, des fleurs et des racines, les mêla dans du vin, et brassa un breuvage puissant. L'ayant achevé par science et magie, elle le versa dans un coutret[1] et dit secrètement à Brangien :

«Fille, tu dois suivre Iseut au pays du roi Marc, et tu l'aimes d'amour fidèle. Prends donc ce coutret de vin et retiens mes paroles. Cache-le de telle sorte que nul œil ne le voie et que nulle lèvre ne s'en approche. Mais, quand viendront la nuit nuptiale et l'instant où l'on quitte les époux, tu verseras ce vin herbé dans une coupe et tu la présenteras, pour qu'ils la vident ensemble, au roi Marc et à la reine Iseut. Prends garde, ma fille, que seuls ils puissent goûter ce breuvage. Car telle est sa vertu : ceux qui en

note ....

| **1. coutret :** récipient.

84

boiront ensemble s'aimeront de tous leurs sens et de toute leur
15 pensée, à toujours, dans la vie et dans la mort. »
Brangien promit à la reine qu'elle ferait selon sa volonté.

La nef, tranchant les vagues profondes, emportait Iseut. Mais, plus
elle s'éloignait de la terre d'Irlande, plus tristement la jeune fille
se lamentait. Assise sous la tente où elle s'était renfermée avec
20 Brangien, sa servante, elle pleurait au souvenir de son pays. Où
ces étrangers l'entraînaient-ils ? Vers qui ? Vers quelle destinée ?
Quand Tristan s'approchait d'elle et voulait l'apaiser par de
douces paroles, elle s'irritait, le repoussait, et la haine gonflait son
cœur. Il était venu, lui le ravisseur, lui le meurtrier du Morholt ; il
25 l'avait arrachée par ses ruses à sa mère et à son pays ; il n'avait pas
daigné la garder pour lui-même, et voici qu'il l'emportait,
comme sa proie, sur les flots, vers la terre ennemie ! « Chétive !
disait-elle, maudite soit la mer qui me porte ! Mieux aimerais-je
mourir sur la terre où je suis née que vivre là-bas !… »
30 Un jour, les vents tombèrent, et les voiles pendaient dégon-
flées le long du mât. Tristan fit atterrir dans une île, et, lassés de la
mer, les cent chevaliers de Cornouailles et les mariniers descendi-
rent au rivage. Seule Iseut était demeurée sur la nef, et une petite
servante. Tristan vint vers la reine et tâchait de calmer son cœur.
35 Comme le soleil brûlait et qu'ils avaient soif, ils demandèrent à
boire. L'enfant chercha quelque breuvage, tant qu'elle découvrit
le coutret confié à Brangien par la mère d'Iseut. « J'ai trouvé du
vin ! » leur cria-t-elle. Non, ce n'était pas du vin : c'était la passion,
c'était l'âpre joie et l'angoisse sans fin, et la mort. L'enfant remplit
40 un hanap[1] et le présenta à sa maîtresse. Elle but à longs traits, puis
le tendit à Tristan, qui le vida.

note ....

1. hanap : vase à boire
monté sur un pied
et muni d'un couvercle.

À cet instant, Brangien entra et les vit qui se regardaient en silence, comme égarés et comme ravis. Elle vit devant eux le vase presque vide et le hanap. Elle prit le vase, courut à la poupe, le lança dans les vagues et gémit :

« Malheureuse ! maudit soit le jour où je suis née et maudit le jour où je suis montée sur cette nef ! Iseut, amie, et vous, Tristan, c'est votre mort que vous avez bue ! »

De nouveau, la nef cinglait vers Tintagel. Il semblait à Tristan qu'une ronce vivace, aux épines aiguës, aux fleurs odorantes, poussait ses racines dans le sang de son cœur et par de forts liens enlaçait au beau corps d'Iseut son corps et toute sa pensée, et tout son désir. Il songeait : « Andret, Denoalen, Guenelon et Gondoïne, félons qui m'accusiez de convoiter la terre du roi Marc, ah ! je suis plus vil[1] encore, et ce n'est pas sa terre que je convoite ! Bel oncle, qui m'avez aimé orphelin avant même de reconnaître le sang de votre sœur Blanchefleur, vous qui me pleuriez tendrement, tandis que vos bras me portaient jusqu'à la barque sans rames ni voile, bel oncle, que n'avez-vous, dès le premier jour, chassé l'enfant errant venu pour vous trahir ? Ah ! qu'ai-je pensé ? Iseut est votre femme, et moi votre vassal. Iseut est votre femme, et moi votre fils. Iseut est votre femme, et ne peut pas m'aimer[2]. »

Iseut l'aimait. Elle voulait le haïr, pourtant : ne l'avait-il pas vilement dédaignée ? Elle voulait le haïr, et ne pouvait, irritée en son cœur de cette tendresse plus douloureuse que la haine.

Brangien les observait avec angoisse, plus cruellement tourmentée encore, car seule elle savait quel mal elle avait causé. Deux

notes ··

1. vil : méprisable.
2. Ce passage est d'une importance capitale dans le roman, car il met en lumière la gravité de la trahison de Tristan. En tant que chevalier et vassal du roi, Tristan a fait

serment de fidélité envers son suzerain et, en convoitant la femme de celui-ci, commet la faute la plus sérieuse dans le cadre du système féodal.

Une scène de l'opéra *Tristan et Isolde* du compositeur allemand Richard Wagner (1813-1883), présenté à Madrid en 2008.

jours elle les épia, les vit repousser toute nourriture, tout breuvage et tout réconfort, se chercher comme des aveugles qui marchent
70 à tâtons l'un vers l'autre, malheureux quand ils languissaient[1] séparés, plus malheureux encore quand, réunis, ils tremblaient devant l'horreur du premier aveu.

Au troisième jour, comme Tristan venait vers la tente, dressée sur le pont de la nef, où Iseut était assise, Iseut le vit s'approcher
75 et lui dit humblement:

«Entrez, seigneur.

— Reine, dit Tristan, pourquoi m'avoir appelé seigneur? Ne suis-je pas votre homme lige, au contraire, et votre vassal, pour vous révérer, vous servir et vous aimer comme ma reine et
80 ma dame?»

Iseut répondit:

«Non, tu le sais, que tu es mon seigneur et mon maître! Tu le sais, que ta force me domine et que je suis ta serve! Ah! que n'ai-je avivé naguère les plaies du jongleur blessé! Que n'ai-je laissé
85 périr le tueur du monstre dans les herbes du marécage! Que n'ai-je asséné sur lui, quand il gisait dans le bain, le coup de l'épée déjà brandie! Hélas! je ne savais pas alors ce que je sais aujourd'hui!

— Iseut, que savez-vous donc aujourd'hui? Qu'est-ce donc qui vous tourmente?

90 — Ah! tout ce que je sais me tourmente, et tout ce que je vois. Ce ciel me tourmente, et cette mer, et mon corps, et ma vie!»

Elle posa son bras sur l'épaule de Tristan; des larmes éteignirent le rayon de ses yeux, ses lèvres tremblèrent. Il répéta:

«Amie, qu'est-ce donc qui vous tourmente?»

passage analysé

note ....

1. languissaient: se désolaient, déprimaient au point
d'en être malades, dépéris-
saient. Ici, en raison de la
passion qui les tourmente.

Elle répondit :

« L'amour de vous. »

Alors il posa ses lèvres sur les siennes.

Mais, comme pour la première fois tous deux goûtaient une joie d'amour, Brangien, qui les épiait, poussa un cri, et, les bras tendus, la face trempée de larmes, se jeta à leurs pieds :

« Malheureux ! arrêtez-vous, et retournez, si vous le pouvez encore ! Mais non, la voie est sans retour, déjà la force de l'amour vous entraîne et jamais plus vous n'aurez de joie sans douleur. C'est le vin herbé qui vous possède, le breuvage d'amour que votre mère, Iseut, m'avait confié. Seul, le roi Marc devait le boire avec vous ; mais l'Ennemi s'est joué de nous trois, et c'est vous qui avez vidé le hanap. Ami Tristan, Iseut amie, en châtiment de la male garde que j'ai faite, je vous abandonne mon corps, ma vie ; car, par mon crime, dans la coupe maudite, vous avez bu l'amour et la mort ! »

Les amants s'étreignirent ; dans leurs beaux corps frémissaient le désir et la vie. Tristan dit :

« Vienne donc la mort ! »

Et, quand le soir tomba, sur la nef qui bondissait plus rapide vers la terre du roi Marc, liés à jamais, ils s'abandonnèrent à l'amour.

Chapitre V

BRANGIEN LIVRÉE AUX SERFS

Le roi Marc accueillit Iseut la Blonde au rivage. Tristan la prit par la main et la conduisit devant le roi ; le roi se saisit d'elle en la prenant à son tour par la main. À grand honneur il la mena vers le château de Tintagel, et, lorsqu'elle parut dans la salle au milieu des vassaux, sa beauté jeta une telle clarté que les murs s'illuminèrent, comme frappés du soleil levant. Alors le roi Marc loua les hirondelles qui, par belle courtoisie, lui avaient porté le cheveu d'or ; il loua Tristan et les cent chevaliers qui, sur la nef aventureuse, étaient allés lui quérir la joie de ses yeux et de son cœur. Hélas ! la nef vous apporte, à vous aussi, noble roi, l'âpre deuil et les forts tourments.

À dix-huit jours de là, ayant convoqué tous ses barons, il prit à femme Iseut la Blonde. Mais, lorsque vint la nuit, Brangien, afin

15 de cacher le déshonneur de la reine et pour la sauver de la mort, prit la place d'Iseut dans le lit nuptial. En châtiment de la male garde qu'elle avait faite sur la mer et pour l'amour de son amie, elle lui sacrifia, la fidèle, la pureté de son corps ; l'obscurité de la nuit cacha au roi sa ruse et sa honte.

Les conteurs prétendent ici que Brangien n'avait pas jeté dans
20 la mer le flacon de vin herbé, non tout à fait vidé par les amants ; mais qu'au matin, après que sa dame fut entrée à son tour dans le lit du roi Marc, Brangien versa dans une coupe ce qui restait du philtre et la présenta aux époux ; que Marc y but largement et qu'Iseut jeta sa part à la dérobée. Mais sachez, seigneurs, que ces
25 conteurs ont corrompu l'histoire et l'ont faussée. S'ils ont imaginé ce mensonge, c'est faute de comprendre le merveilleux amour que Marc porta toujours à la reine. Certes, comme vous l'entendrez bientôt, jamais, malgré l'angoisse, le tourment et les terribles représailles, Marc ne put chasser de son cœur Iseut ni
30 Tristan ; mais sachez, seigneurs, qu'il n'avait pas bu le vin herbé. Ni poison, ni sortilège ; seule, la tendre noblesse de son cœur lui inspira d'aimer.

Iseut est reine et semble vivre en joie. Iseut est reine et vit en tristesse. Iseut a la tendresse du roi Marc, les barons l'honorent, et
35 ceux de la gent menue la chérissent. Iseut passe le jour dans ses chambres richement peintes et jonchées de fleurs. Iseut a les nobles joyaux, les draps de pourpre et les tapis venus de Thessalie[1], les chants des harpeurs, et les courtines où sont ouvrés[2] léopards, alérions[3], papegauts[4] et toutes les bêtes de la mer et des bois. Iseut
40 a ses vives, ses belles amours, et Tristan auprès d'elle, à loisir, et le jour et la nuit ; car, ainsi que veut la coutume chez les hauts

notes ....

1. Thessalie : région de la Grèce. Le folklore fait de cette région le royaume des sorcières et des magiciens.

2. ouvrés : brodés.
3. alérions : aigles.
4. papegauts : perroquets.

Tristan, Brangien et Iseut dans une scène de l'opéra de Richard Wagner, présenté à Berlin en 2006.

seigneurs, il couche dans la chambre royale, parmi les privés et les fidèles. Iseut tremble pourtant. Pourquoi trembler? Ne tient-elle pas ses amours secrètes? Qui soupçonnerait Tristan? Qui donc
45 soupçonnerait un fils? Qui la voit? Qui l'épie? Quel témoin? Oui, un témoin l'épie, Brangien; Brangien la guette; Brangien seule sait sa vie, Brangien la tient en sa merci! Dieu! si, lasse de préparer chaque jour comme une servante le lit où elle a couché la première, elle les dénonçait au roi! si Tristan mourait par sa
50 félonie!… Ainsi, la peur affole la reine. Non, ce n'est pas de Brangien la fidèle, c'est de son propre cœur que vient son tourment. Écoutez, seigneurs, la grande traîtrise qu'elle médita; mais Dieu, comme vous l'entendrez, la prit en pitié; vous aussi, soyez-lui compatissants!

55 Ce jour-là, Tristan et le roi chassaient au loin, et Tristan ne connut pas ce crime. Iseut fit venir deux serfs, leur promit la franchise et soixante besants d'or, s'ils juraient de faire sa volonté. Ils firent le serment.

«Je vous donnerai donc, dit-elle, une jeune fille; vous l'em-
60 mènerez dans la forêt, loin ou près, mais en tel lieu que nul ne découvre jamais l'aventure: là, vous la tuerez et me rapporterez sa langue. Retenez, pour me les répéter, les paroles qu'elle aura dites. Allez; à votre retour, vous serez des hommes affranchis[1] et riches.»

Puis elle appela Brangien:

65 «Amie, tu vois comme mon corps languit et souffre; n'iras-tu pas chercher dans la forêt les plantes qui conviennent à ce mal? Deux serfs sont là, qui te conduiront; ils savent où croissent les herbes efficaces. Suis-les donc; sœur, sache-le bien, si je t'envoie à la forêt, c'est qu'il y va de mon repos et de ma vie!»

note ....

1. affranchis: libres (le serf, dans le système féodal, appartient au seigneur).

70 Les serfs l'emmenèrent. Venue au bois, elle voulut s'arrêter, car les plantes salutaires croissaient autour d'elle en suffisance. Mais ils l'entraînèrent plus loin :

« Viens, jeune fille, ce n'est pas ici le lieu convenable. »

L'un des serfs marchait devant elle, son compagnon la suivait.
75 Plus de sentier frayé, mais des ronces, des épines et des chardons emmêlés. Alors l'homme qui marchait le premier tira son épée et se retourna ; elle se rejeta vers l'autre serf pour lui demander aide ; il tenait aussi l'épée nue à son poing et dit :

« Jeune fille, il nous faut te tuer. »

80 Brangien tomba sur l'herbe et ses bras tentaient d'écarter la pointe des épées. Elle demandait merci d'une voix si pitoyable et si tendre, qu'ils dirent :

« Jeune fille, si la reine Iseut, ta dame et la nôtre, veut que tu meures, sans doute lui as-tu fait quelque grand tort. »

85 Elle répondit :

« Je ne sais, amis ; je ne me souviens que d'un seul méfait. Quand nous partîmes d'Irlande, nous emportions chacune, comme la plus chère des parures, une chemise blanche comme la neige, une chemise pour notre nuit de noces. Sur la mer, il
90 advint qu'Iseut déchira sa chemise nuptiale, et pour la nuit de ses noces je lui ai prêté la mienne. Amis, voilà tout le tort que je lui ai fait. Mais puisqu'elle veut que je meure, dites-lui que je lui mande salut et amour, et que je la remercie de tout ce qu'elle m'a fait de bien et d'honneur, depuis qu'enfant, ravie par des
95 pirates, j'ai été vendue à sa mère et vouée à la servir. Que Dieu, dans sa bonté, garde son honneur, son corps, sa vie ! Frères, frappez maintenant ! »

Les serfs eurent pitié. Ils tinrent conseil et, jugeant que peut-être un tel méfait ne valait point la mort, ils la lièrent à un arbre.

100 Puis ils tuèrent un jeune chien : l'un d'eux lui coupa la langue, la serra dans un pan de sa gonelle[1], et tous deux reparurent ainsi devant Iseut.

« A-t-elle parlé ? demanda-t-elle, anxieuse.

— Oui, reine, elle a parlé. Elle a dit que vous étiez irritée à cause
105 d'un seul tort : vous aviez déchiré sur la mer une chemise blanche comme neige que vous apportiez d'Irlande, elle vous a prêté la sienne au soir de vos noces. C'était là, disait-elle, son seul crime. Elle vous a rendu grâces pour tant de bienfaits reçus de vous dès l'enfance, elle a prié Dieu de protéger votre honneur et votre vie.
110 Elle vous mande salut et amour. Reine, voici sa langue que nous vous apportons.

— Meurtriers ! cria Iseut, rendez-moi Brangien, ma chère servante ! Ne saviez-vous pas qu'elle était ma seule amie ? Meurtriers, rendez-la-moi !

115 — Reine, on dit justement : « Femme change en peu d'heures ; au même temps, femme rit, pleure, aime, hait. » Nous l'avons tuée, puisque vous l'avez commandé !

— Comment l'aurais-je commandé ? Pour quel méfait ? n'était-ce pas ma chère compagne, la douce, la fidèle, la belle ? Vous le
120 saviez, meurtriers : je l'avais envoyée chercher des herbes salutaires, et je vous l'ai confiée pour que vous la protégiez sur la route. Mais je dirai que vous l'avez tuée, et vous serez brûlés sur des charbons.

— Reine, sachez donc qu'elle vit et que nous vous la ramènerons
125 saine et sauve. »

note ....

1. gonelle : tunique à manches longues et munie d'un capuchon.

Mais elle ne les croyait pas et, comme égarée, tour à tour maudissait les meurtriers et se maudissait elle-même. Elle retint l'un des serfs auprès d'elle, tandis que l'autre se hâtait vers l'arbre où Brangien était attachée.

130 «Belle, Dieu vous a fait merci, et voilà que votre dame vous rappelle!»

Quand elle parut devant Iseut, Brangien s'agenouilla, lui demandant de lui pardonner ses torts; mais la reine était aussi tombée à genoux devant elle, et toutes deux, embrassées[1], 135 se pâmèrent[2] longuement.

notes ⸺⸺⸺⸺⸺⸺⸺⸺⸺⸺⸺⸺⸺⸺⸺⸺⸺⸺⸺⸺⸺⸺⸺⸺⸺⸺⸺⸺⸺⸺⸺

| **1. embrassées**: enlacées. | **2. se pâmèrent**: s'évanouirent.

Chapitre VI

LE GRAND PIN

C e n'est pas Brangien la fidèle, c'est eux-mêmes que les amants doivent redouter. Mais comment leurs cœurs enivrés seraient-ils vigilants? L'amour les presse, comme la soif précipite vers la rivière le cerf sur ses fins; ou tel encore, après un
5 long jeûne, l'épervier soudain lâché fond sur la proie. Hélas! amour ne se peut celer[1]. Certes, par la prudence de Brangien, nul ne surprit la reine entre les bras de son ami; mais, à toute heure, en tout lieu, chacun ne voit-il pas comment le désir les agite, les étreint, déborde de tous leurs sens ainsi que le vin nouveau
10 ruisselle de la cuve?

Déjà, les quatre félons de la cour, qui haïssaient Tristan pour sa prouesse, rôdent autour de la reine. Déjà, ils connaissent la vérité de ses belles amours. Ils brûlent de convoitise, de haine et de joie. Ils porteront au roi la nouvelle: ils verront la tendresse se muer[2]

notes

| 1. **celer**: dissimuler. | 2. **se muer**: se transformer.

97

15 en fureur, Tristan chassé ou livré à la mort, et le tourment de la
    reine. Ils craignaient pourtant la colère de Tristan ; mais, enfin, leur
    haine dompta leur terreur ; un jour, les quatre barons appelèrent
    le roi Marc à parlement, et Andret lui dit :

    « Beau roi, sans doute ton cœur s'irritera, et tous quatre
20 nous en avons grand deuil ; mais nous devons te révéler ce
    que nous avons surpris. Tu as placé ton cœur en Tristan, et Tristan
    veut te honnir. Vainement nous t'avions averti ; pour l'amour d'un
    seul homme, tu fais fi de ta parenté et de ta baronnie entière, et
    tu nous délaisses tous. Sache donc que Tristan aime la reine : c'est
25 là vérité prouvée, et déjà l'on en dit mainte parole. »

    Le noble roi chancela et répondit :

    « Lâche ! quelle félonie as-tu pensée ! Certes, j'ai placé mon
    cœur en Tristan. Au jour où le Morholt vous offrit la bataille, vous
    baissiez tous la tête, tremblants et pareils à des muets ; mais Tristan
30 l'affronta pour l'honneur de cette terre, et par chacune de ses
    blessures son âme aurait pu s'envoler. C'est pourquoi vous le
    haïssez, et c'est pourquoi je l'aime, plus que toi, Andret, plus que
    vous tous, plus que personne. Mais que prétendez-vous avoir
    découvert ? qu'avez-vous vu ? qu'avez-vous entendu ?

35 — Rien, en vérité, seigneur, rien que tes yeux ne puissent voir,
    rien que tes oreilles ne puissent entendre. Regarde, écoute, beau
    sire ; peut-être il en est temps encore. »

    Et, s'étant retirés, ils le laissèrent à loisir savourer le poison.

    Le roi Marc ne put secouer le maléfice. À son tour, contre son
40 cœur, il épia son neveu, il épia la reine. Mais Brangien s'en
    aperçut, les avertit, et vainement le roi tenta d'éprouver
    Iseut par des ruses. Il s'indigna bientôt de ce vil combat, et,
    comprenant qu'il ne pourrait plus chasser le soupçon, il manda
    Tristan et lui dit :

45 « Tristan, éloigne-toi de ce château ; et, quand tu l'auras quitté,
    ne sois plus si hardi que d'en franchir les fossés ni les lices. Des

félons t'accusent d'une grande traîtrise. Ne m'interroge pas : je
ne saurais rapporter leurs propos sans nous honnir tous les deux.
Ne cherche pas des paroles qui m'apaisent : je le sens, elles
50 resteraient vaines. Pourtant, je ne crois pas les félons : si je les
croyais, ne t'aurais-je pas déjà jeté à la mort honteuse ? Mais leurs
discours maléfiques ont troublé mon cœur, et seul ton départ le
calmera. Pars ; sans doute je te rappellerai bientôt ; pars, mon fils
toujours cher ! »

55 Quand les félons ouïrent la nouvelle :

« Il est parti, dirent-ils entre eux, il est parti, l'enchanteur,
chassé comme un larron[1] ! Que peut-il devenir désormais ? Sans
doute il passera la mer pour chercher les aventures et porter son
service déloyal à quelque roi lointain ! »

60 Non, Tristan n'eut pas la force de partir ; et quand il eut
franchi les lices et les fossés du château, il connut qu'il ne pourrait s'éloigner davantage ; il s'arrêta dans le bourg même de
Tintagel, prit hôtel avec Gorvenal dans la maison d'un bourgeois, et languit, torturé par la fièvre, plus blessé que naguère,
65 aux jours où l'épieu du Morholt avait empoisonné son corps.
Naguère, quand il gisait dans la cabane construite au bord des
flots et que tous fuyaient la puanteur de ses plaies, trois hommes
pourtant l'assistaient : Gorvenal, Dinas de Lidan et le roi Marc.
Maintenant, Gorvenal et Dinas se tenaient encore à son chevet ;
70 mais le roi Marc ne venait plus, et Tristan gémissait :

« Certes, bel oncle, mon corps répand maintenant l'odeur d'un
venin plus repoussant, et votre amour ne sait plus surmonter
votre horreur. »

Mais, sans relâche, dans l'ardeur de la fièvre, le désir l'entraî-
75 nait, comme un cheval emporté, vers les tours bien closes qui
tenaient la reine enfermée ; cheval et cavalier se brisaient

note ....

I **1. larron :** voleur.

contre les murs de pierre ; mais cheval et cavalier se relevaient et reprenaient sans cesse la même chevauchée.

Derrière les tours bien closes, Iseut la Blonde languit aussi, plus
80 malheureuse encore : car, parmi ces étrangers qui l'épient, il lui faut tout le jour feindre la joie et rire ; et, la nuit, étendue aux côtés du roi Marc, il lui faut dompter, immobile, l'agitation de ses membres et les tressauts[1] de la fièvre. Elle veut fuir vers Tristan. Il lui semble qu'elle se lève et qu'elle court jusqu'à la porte ; mais,
85 sur le seuil obscur, les félons ont tendu de grandes faulx : les lames affilées et méchantes saisissent au passage ses genoux délicats. Il lui semble qu'elle tombe et que, de ses genoux tranchés, s'élancent deux rouges fontaines.

Bientôt les amants mourront, si nul ne les secourt. Et qui donc
90 les secourra, sinon Brangien ? Au péril de sa vie, elle s'est glissée vers la maison où Tristan languit. Gorvenal lui ouvre tout joyeux, et, pour sauver les amants, elle enseigne une ruse à Tristan.

Non, jamais, seigneurs, vous n'aurez ouï parler d'une plus belle ruse d'amour.

95 Derrière le château de Tintagel, un verger s'étendait, vaste et clos de fortes palissades. De beaux arbres y croissaient sans nombre, chargés de fruits, d'oiseaux et de grappes odorantes. Au lieu le plus éloigné du château, tout auprès des pieux de la palissade, un pin s'élevait, haut et droit, dont le tronc robuste soutenait une large
100 ramure. À son pied, une source vive : l'eau s'épandait d'abord en une large nappe, claire et calme, enclose par un perron de marbre ; puis, contenue entre deux rives resserrées, elle courait par le verger et, pénétrant dans l'intérieur même du château, traversait les chambres des femmes. Or, chaque soir, Tristan, par le conseil de
105 Brangien, taillait avec art des morceaux d'écorce et de menus

note ⋯⋯⋯⋯⋯⋯⋯⋯⋯⋯

1. tressauts :
tressaillements,
tremblements involontaires.

branchages. Il franchissait les pieux aigus, et, venu sous le pin, jetait les copeaux dans la fontaine. Légers comme l'écume, ils surnageaient et coulaient avec elle, et, dans les chambres des femmes, Iseut épiait leur venue. Aussitôt, les soirs où Brangien avait su écarter le roi Marc et les félons, elle s'en venait vers son ami.

Elle s'en vient, agile et craintive pourtant, guettant à chacun de ses pas si des félons se sont embusqués derrière les arbres. Mais, dès que Tristan l'a vue, les bras ouverts, il s'élance vers elle. Alors la nuit les protège et l'ombre amie du grand pin.

« Tristan, dit la reine, les gens de mer n'assurent-ils pas que ce château de Tintagel est enchanté et que, par sortilège, deux fois l'an, en hiver et en été, il se perd et disparaît aux yeux ? Il s'est perdu maintenant. N'est-ce pas ici le verger merveilleux dont parlent les lais de harpe : une muraille d'air l'enclôt de toutes parts ; des arbres fleuris, un sol embaumé ; le héros y vit sans vieillir entre les bras de son amie et nulle force ennemie ne peut briser la muraille d'air ? »

Déjà, sur les tours de Tintagel, retentissent les trompes des guetteurs qui annoncent l'aube.

« Non, dit Tristan, la muraille d'air est déjà brisée, et ce n'est pas ici le verger merveilleux. Mais, un jour, amie, nous irons ensemble au Pays Fortuné dont nul ne retourne. Là s'élève un château de marbre blanc ; à chacune de ses mille fenêtres brille un cierge allumé ; à chacune, un jongleur joue et chante une mélodie sans fin ; le soleil n'y brille pas, et pourtant nul ne regrette sa lumière : c'est l'heureux pays des vivants. »

Mais, au sommet des tours de Tintagel, l'aube éclaire les grands blocs alternés de sinople et d'azur.

Iseut a recouvré la joie : le soupçon de Marc se dissipe et les félons comprennent, au contraire, que Tristan a revu la reine. Mais

Brangien fait si bonne garde qu'ils épient vainement. Enfin, le duc Andret, que Dieu honnisse! dit à ses compagnons:

«Seigneurs, prenons conseil de Frocin, le nain bossu. Il connaît
140 les sept arts, la magie et toutes manières d'enchantements. Il sait, à la naissance d'un enfant, observer si bien les sept planètes[1] et le cours des étoiles, qu'il conte par avance tous les points de sa vie. Il découvre, par la puissance de Bugibus et de Noiron[2], les choses secrètes. Il nous enseignera, s'il veut, les ruses d'Iseut la Blonde.»

145 En haine de beauté et de prouesse, le petit homme méchant traça les caractères de sorcellerie, jeta ses charmes et ses sorts, considéra le cours d'Orion et de Lucifer[3], et dit:

«Vivez en joie, beaux seigneurs; cette nuit vous pourrez les saisir.»

150 Ils le menèrent devant le roi.

«Sire, dit le sorcier, mandez à vos veneurs qu'ils mettent la laisse aux limiers et la selle aux chevaux; annoncez que sept jours et sept nuits vous vivrez dans la forêt, pour conduire votre chasse, et vous me pendrez aux fourches si vous n'entendez pas,
155 cette nuit même, quel discours Tristan tient à la reine.»

Le roi fit ainsi, contre son cœur. La nuit tombée, il laissa ses veneurs dans la forêt, prit le nain en croupe, et retourna vers Tintagel. Par une entrée qu'il savait, il pénétra dans le verger, et le nain le conduisit sous le grand pin.

160 «Beau roi, il convient que vous montiez dans les branches de cet arbre. Portez là-haut votre arc et vos flèches: ils vous serviront peut-être. Et tenez-vous coi: vous n'attendrez pas longuement.

— Va-t'en, chien de l'Ennemi[4]!» répondit Marc.

Et le nain s'en alla, emmenant le cheval.

notes ··

1. Au Moyen Âge, seules les sept planètes les plus rapprochées du soleil sont connues.

2. de Bugibus et de Noiron: noms de démons.

3. d'Orion et de Lucifer: noms de constellations (Lucifer, signifiant «astre brillant», est associé à la planète Vénus). Comprendre que Frocin consulte les étoiles.

4. Ennemi: Satan, considéré comme l'ennemi du genre humain.

165 Il avait dit vrai : le roi n'attendit pas longuement. Cette nuit, la
lune brillait, claire et belle. Caché dans la ramure[1], le roi vit son
neveu bondir par-dessus les pieux aigus. Tristan vint sous l'arbre
et jeta dans l'eau les copeaux et les branchages. Mais, comme il
s'était penché sur la fontaine en les jetant, il vit, réfléchie dans
170 l'eau, l'image du roi. Ah! s'il pouvait arrêter les copeaux qui
fuient! Mais non, ils courent, rapides, par le verger. Là-bas, dans
les chambres des femmes, Iseut épie leur venue ; déjà, sans doute,
elle les voit, elle accourt. Que Dieu protège les amants !

Elle vient. Assis, immobile, Tristan la regarde, et, dans l'arbre,
175 il entend le crissement de la flèche, qui s'encoche dans la corde
de l'arc.

Elle vient, agile et prudente pourtant, comme elle avait coutume.
« Qu'est-ce donc ? pense-t-elle. Pourquoi Tristan n'accourt-il pas ce
soir à ma rencontre ? aurait-il vu quelque ennemi ? »

180 Elle s'arrête, fouille du regard les fourrés noirs ; soudain, à
la clarté de la lune, elle aperçut à son tour l'ombre du roi dans la
fontaine. Elle montra bien la sagesse des femmes, en ce qu'elle ne
leva point les yeux vers les branches de l'arbre : « Seigneur Dieu !
dit-elle tout bas, accordez-moi seulement que je puisse parler la
185 première ! »

Elle s'approche encore. Écoutez comme elle devance et prévient
son ami :

« Sire Tristan, qu'avez-vous osé ? M'attirer en tel lieu, à telle
heure ! Maintes fois déjà vous m'aviez mandée, pour me supplier,
190 disiez-vous. Et par quelle prière ? Qu'attendez-vous de moi ? Je
suis venue enfin, car je n'ai pu l'oublier, si je suis reine, je vous le
dois. Me voici donc : que voulez-vous ?

— Reine, vous crier merci, afin que vous apaisiez le roi ! »

note

1. **ramure** : ensemble
des branches d'un arbre.

Elle tremble et pleure. Mais Tristan loue le Seigneur Dieu, qui
195 a montré le péril à son amie.

«Oui, reine, je vous ai mandée souvent et toujours en vain;
jamais, depuis que le roi m'a chassé, vous n'avez daigné venir à
mon appel. Mais prenez en pitié le chétif que voici; le roi me
hait, j'ignore pourquoi; mais vous le savez peut-être; et qui donc
200 pourrait charmer sa colère, sinon vous seule, reine franche,
courtoise Iseut, en qui son cœur se fie?

— En vérité, sire Tristan, ignorez-vous encore qu'il nous
soupçonne tous les deux? Et de quelle traîtrise! faut-il, par surcroît de honte, que ce soit moi qui vous l'apprenne? Mon
205 seigneur croit que je vous aime d'amour coupable. Dieu le sait
pourtant, et, si je mens, qu'il honnisse mon corps! jamais je n'ai
donné mon amour à nul homme, hormis à celui qui le premier
m'a prise, vierge, entre ses bras. Et vous voulez, Tristan, que j'implore du roi votre pardon? Mais s'il savait seulement que je suis
210 venue sous ce pin, demain il ferait jeter ma cendre aux vents!»

Tristan gémit:

«Bel oncle, on dit: «Nul n'est vilain, s'il ne fait vilenie.» Mais
en quel cœur a pu naître un tel soupçon?

— Sire Tristan, que voulez-vous dire? Non, le roi mon seigneur
215 n'eût pas de lui-même imaginé telle vilenie. Mais les félons
de cette terre lui ont fait accroire ce mensonge, car il est facile de
décevoir les cœurs loyaux. Ils s'aiment, lui ont-ils dit, et les félons
nous l'ont tourné à crime. Oui, vous m'aimiez, Tristan; pourquoi
le nier? ne suis-je pas la femme de votre oncle et ne vous avais-
220 je pas deux fois sauvé de la mort? Oui, je vous aimais en retour;
n'êtes-vous pas du lignage du roi, et n'ai-je pas ouï maintes fois

ma mère répéter qu'une femme n'aime pas son seigneur tant
qu'elle n'aime pas la parenté de son seigneur ? C'est pour l'amour
du roi que je vous aimais, Tristan ; maintenant encore, s'il vous
225 reçoit en grâce, j'en serai joyeuse. Mais mon corps tremble, j'ai
grand'peur, je pars, j'ai trop demeuré déjà. »

Dans la ramure, le roi eut pitié et sourit doucement. Iseut
s'enfuit, Tristan la rappelle :

« Reine, au nom du Sauveur, venez à mon secours, par charité !
230 Les couards voulaient écarter du roi tous ceux qui l'aiment ; ils
ont réussi et le raillent maintenant. Soit ; je m'en irai donc hors
de ce pays, au loin, misérable, comme j'y vins jadis : mais, tout au
moins, obtenez du roi qu'en reconnaissance des services passés,
afin que je puisse sans honte chevaucher loin d'ici, il me donne
235 du sien assez pour acquitter mes dépenses, pour dégager mon
cheval et mes armes.

— Non, Tristan, vous n'auriez pas dû m'adresser cette requête.
Je suis seule sur cette terre, seule en ce palais où nul ne m'aime,
sans appui, à la merci du roi. Si je lui dis un seul mot pour vous,
240 ne voyez-vous pas que je risque la mort honteuse ? Ami, que
Dieu vous protège ! Le roi vous hait à grand tort ! Mais, en toute
terre où vous irez, le Seigneur Dieu vous sera un ami vrai. »

Elle part et fuit jusqu'à sa chambre, où Brangien la prend,
tremblante, entre ses bras. La reine lui dit l'aventure ;
245 Brangien s'écrie :

« Iseut, ma dame, Dieu a fait pour vous un grand miracle !
Il est père compatissant et ne veut pas le mal de ceux qu'il
sait innocents. »

250 Sous le grand pin, Tristan, appuyé contre le perron de marbre, se lamentait :

« Que Dieu me prenne en pitié et répare la grande injustice que je souffre de mon cher seigneur ! »

Quand il eut franchi la palissade du verger, le roi dit en souriant :

255 « Beau neveu, bénie soit cette heure ! Vois : la lointaine chevauchée que tu préparais ce matin, elle est déjà finie ! »

Là-bas, dans une clairière de la forêt, le nain Frocin interrogeait le cours des étoiles. Il y lut que le roi le menaçait de mort ; il noircit de peur et de honte, enfla de rage, et s'enfuit
260 prestement vers la terre de Galles.

**Gravure allemande sur bois
de la légende de *Tristan et Iseut*, 1484.**

Chapitre VII

LE NAIN FROCIN

Le roi Marc a fait sa paix avec Tristan. Il lui a donné congé de revenir au château, et, comme naguère, Tristan couche dans la chambre du roi, parmi les privés et les fidèles. À son gré, il y peut entrer, il en peut sortir : le roi n'en a plus souci. Mais qui donc
5 peut longtemps tenir ses amours secrètes ? Hélas ! amour ne se peut celer !

Marc avait pardonné aux félons, et comme le sénéchal Dinas de Lidan avait un jour trouvé dans une forêt lointaine, errant et misérable, le nain bossu[1], il le ramena au roi, qui eut pitié et lui
10 pardonna son méfait.

Mais sa bonté ne fit qu'exciter la haine des barons ; ayant de nouveau surpris Tristan et la reine, ils se lièrent par ce serment : si le roi ne chassait pas son neveu hors du pays, ils se retireraient

note

1. Dans la littérature médiévale, les personnages de nains et de géants, parce qu'ils appartiennent chacun à la démesure (le premier trop petit, le second trop grand), tiennent généralement des rôles négatifs. Le Moyen Âge, qui perçoit défavorablement la différence, préfère la mesure et le juste milieu.

dans leurs forts châteaux pour le guerroyer. Ils appelèrent le roi
à parlement:

«Seigneur, aime-nous, hais-nous, à ton choix: mais nous
voulons que tu chasses Tristan. Il aime la reine, et le voit qui veut;
mais nous, nous ne le souffrirons[1] plus.»

Le roi les entend, soupire, baisse le front vers la terre, se tait.

«Non, roi, nous ne le souffrirons plus, car nous savons maintenant que cette nouvelle, naguère étrange, n'est plus pour te
surprendre et que tu consens à leur crime. Que feras-tu?
Délibère et prends conseil. Pour nous, si tu n'éloignes pas ton
neveu sans retour, nous nous retirerons sur nos baronnies et nous
entraînerons aussi nos voisins hors de ta cour, car nous ne
pouvons supporter qu'ils y demeurent. Tel est le choix que
nous t'offrons; choisis donc!

– Seigneurs, une fois j'ai cru aux laides paroles que vous disiez
de Tristan, et je m'en suis repenti. Mais vous êtes mes féaux, et je
ne veux pas perdre le service de mes hommes. Conseillez-moi
donc, je vous en requiers[2], vous qui me devez le conseil. Vous
savez bien que je fuis tout orgueil et toute démesure.

– Donc, seigneur, mandez ici le nain Frocin. Vous vous défiez
de lui, pour l'aventure du verger. Pourtant, n'avait-il pas lu dans
les étoiles que la reine viendrait ce soir-là sous le pin? Il sait
maintes choses; prenez son conseil.»

Il accourut, le bossu maudit, et Denoalen l'accola. Écoutez
quelle trahison il enseigna au roi:

«Sire, commande à ton neveu que demain, dès l'aube, au galop,
il chevauche vers Carduel pour porter au roi Artur[3] un bref[4] sur
parchemin, bien scellé de cire. Roi, Tristan couche près de ton lit.

notes ....

1. souffrirons: tolérerons.

2. je vous en requiers:
je vous le demande.

3. roi Artur: dans *Tristan et
Iseut*, le roi Arthur est

présenté comme un voisin
et un allié du roi Marc.
La mention d'Arthur,
symbole d'intégrité, est
un indice que la vérité jaillira

tôt ou tard à propos
de la relation des amants.

4. bref: message.

Sors de ta chambre à l'heure du premier sommeil, et, je te le jure par Dieu et par la loi de Rome, s'il aime Iseut de fol amour, il voudra venir lui parler avant son départ : mais, s'il y vient sans que je le sache et sans que tu le voies, alors tue-moi. Pour le reste, laisse-moi mener l'aventure à ma guise et garde-toi seulement de parler à Tristan de ce message avant l'heure du coucher.

– Oui, répondit Marc, qu'il en soit fait ainsi ! »

Alors le nain fit une laide félonie. Il entra chez un boulanger et lui prit pour quatre deniers[1] de fleur de farine qu'il cacha dans le giron de sa robe. Ah ! qui se fût jamais avisé de telle traîtrise ? La nuit venue, quand le roi eut pris son repas et que ses hommes furent endormis par la vaste salle voisine de sa chambre, Tristan s'en vint, comme il avait coutume, au coucher du roi Marc.

« Beau neveu, faites ma volonté : vous chevaucherez vers le roi Artur jusqu'à Carduel, et vous lui ferez déplier ce bref. Saluez-le de ma part et ne séjournez qu'un jour auprès de lui.

– Roi, je le porterai demain.

– Oui, demain, avant que le jour se lève. »

Voilà Tristan en grand émoi. De son lit au lit de Marc il y avait bien la longueur d'une lance. Un désir furieux le prit de parler à la reine, et il se promit en son cœur que, vers l'aube, si Marc dormait, il se rapprocherait d'elle. Ah ! Dieu ! la folle pensée !

Le nain couchait, comme il en avait coutume, dans la chambre du roi. Quand il crut que tous dormaient, il se leva et répandit entre le lit de Tristan et celui de la reine la fleur de farine : si l'un des deux amants allait rejoindre l'autre, la farine garderait la forme de ses pas. Mais, comme il l'éparpillait, Tristan, qui restait éveillé, le vit :

note

1. deniers : monnaie médiévale valant un douzième
de sou.

70 « Qu'est-ce à dire ? Ce nain n'a pas coutume de me servir pour mon bien ; mais il sera déçu : bien fou qui lui laisserait prendre l'empreinte de ses pas ! »

À la mi-nuit, le roi se leva et sortit, suivi du nain bossu. Il faisait noir dans la chambre : ni cierge allumé, ni lampe. Tristan se dres-
75 sa debout sur son lit. Dieu ! pourquoi eut-il cette pensée ? Il joint les pieds, estime la distance, bondit et retombe sur le lit du roi. Hélas ! la veille, dans la forêt, le boutoir[1] d'un grand sanglier l'avait navré[2] à la jambe, et, pour son malheur, la blessure n'était point bandée. Dans l'effort de ce bond, elle s'ouvre, saigne ; mais Tristan
80 ne voit pas le sang qui fuit et rougit les draps. Et dehors, à la lune, le nain, par son art de sortilège, connut que les amants étaient réunis. Il en trembla de joie et dit au roi :

« Va, et maintenant, si tu ne les surprends pas ensemble, fais-moi pendre ! »

85 Ils viennent donc vers la chambre, le roi, le nain et les quatre félons. Mais Tristan les a entendus : il se relève, s'élance, atteint son lit… Hélas ! au passage, le sang a malement coulé de la blessure sur la farine.

Voici le roi, les barons, et le nain qui porte une lumière. Tristan
90 et Iseut feignaient de dormir ; ils étaient restés seuls dans la chambre avec Perinis, qui couchait aux pieds de Tristan et ne bougeait pas. Mais le roi voit sur le lit les draps tout vermeils et, sur le sol, la fleur de farine trempée de sang frais.

Alors les quatre barons, qui haïssaient Tristan pour sa prouesse,
95 le maintiennent sur son lit, et menacent la reine et la raillent, la narguent et lui promettent bonne justice. Ils découvrent la blessure qui saigne :

notes ··

1. boutoir : groin du sanglier.

2. navré : blessé.

«Tristan, dit le roi, nul démenti ne vaudrait désormais ; vous mourrez demain. »

100 Il lui crie :

«Accordez-moi merci, seigneur ! Au nom du Dieu qui souffrit la Passion[1], seigneur, pitié pour nous !

– Seigneur, venge-toi ! répondent les félons.

– Bel oncle, ce n'est pas pour moi que je vous implore ; que

105 m'importe de mourir ? Certes, n'était la crainte de vous courroucer, je vendrais cher cet affront aux couards qui, sans votre sauvegarde, n'auraient pas osé toucher mon corps de leurs mains ; mais, par respect et pour l'amour de vous, je me livre à votre merci ; faites de moi selon votre plaisir. Me voici, seigneur,

110 mais pitié pour la reine ! »

Et Tristan s'incline et s'humilie à ses pieds.

«Pitié pour la reine, car s'il est un homme en ta maison assez hardi pour soutenir ce mensonge que je l'ai aimée d'amour coupable, il me trouvera debout devant lui en champ clos. Sire,

115 grâce pour elle, au nom du Seigneur Dieu ! »

Mais les trois barons l'ont lié de cordes, lui et la reine. Ah ! s'il avait su qu'il ne serait pas admis à prouver son innocence en combat singulier, on l'eût démembré vif avant qu'il eût souffert d'être lié vilement.

120 Mais il se fiait en Dieu et savait qu'en champ clos nul n'oserait brandir une arme contre lui. Et, certes, il se fiait justement en Dieu. Quand il jurait qu'il n'avait jamais aimé la reine d'amour coupable, les félons riaient de l'insolente imposture. Mais je vous appelle, seigneurs, vous qui savez la vérité du philtre bu sur

125 la mer et qui comprenez, disait-il mensonge ? Ce n'est pas le fait

note ....

1. Passion : l'ensemble des souffrances et des supplices subis par Jésus avant la crucifixion.

qui prouve le crime, mais le jugement. Les hommes voient le fait, mais Dieu voit les cœurs, et, seul, il est vrai juge. Il a donc institué que tout homme accusé pourrait soutenir son droit par bataille, et lui-même combat avec l'innocent. C'est pourquoi Tristan réclamait justice et bataille et se garda de manquer en rien au roi Marc. Mais, s'il avait pu prévoir ce qui advint, il aurait tué les félons. Ah! Dieu! pourquoi ne les tua-t-il pas?

Chapitre VIII

LE SAUT DE LA CHAPELLE

Par la cité, dans la nuit noire, la nouvelle court : Tristan et la reine ont été saisis ; le roi veut les tuer. Riches bourgeois et petites gens, tous pleurent.

« Hélas ! nous devons bien pleurer ! Tristan, hardi baron,
mourrez-vous donc par si laide traîtrise ? Et vous, reine franche, reine honorée, en quelle terre naîtra jamais fille de roi si belle, si chère ? C'est donc là, nain bossu, l'œuvre de tes devinailles ? Qu'il ne voie jamais la face de Dieu, celui qui, t'ayant trouvé, n'enfoncera pas son épieu dans ton corps ! Tristan, bel ami cher, quand le
Morholt, venu pour ravir nos enfants, prit terre sur ce rivage, nul de nos barons n'osa armer contre lui, et tous se taisaient, pareils à des muets. Mais vous, Tristan, vous avez fait le combat pour nous tous, hommes de Cornouailles, et vous avez tué le Morholt ; et lui

15 vous navra d'un épieu dont vous avez manqué mourir pour nous.
Aujourd'hui, en souvenir de ces choses, devrions-nous consentir
à votre mort?»

Les plaintes, les cris montent par la cité, tous courent au palais.
Mais tel est le courroux du roi qu'il n'y a ni si fort ni si fier baron
qui ose risquer une seule parole pour le fléchir.

20 Le jour approche, la nuit s'en va. Avant le soleil levé, Marc
chevauche hors de la ville, au lieu où il avait coutume de tenir ses
plaids et de juger. Il commande qu'on creuse une fosse en terre
et qu'on y amasse des sarments[1] noueux et tranchants et des
épines blanches et noires, arrachées avec leurs racines.

25 À l'heure de prime[2], il fait crier un ban[3] par le pays pour
convoquer aussitôt les hommes de Cornouailles. Ils s'assemblent
à grand bruit; nul qui ne pleure, hormis le nain de Tintagel.
Alors le roi leur parla ainsi:

«Seigneurs, j'ai fait dresser ce bûcher d'épines pour Tristan et
30 pour la reine, car ils ont forfait.»

Mais tous lui crièrent:

«Jugement, roi! le jugement d'abord, l'escondit[4] et le plaid! Les
tuer sans jugement, c'est honte et crime. Roi, répit et merci
pour eux!»

35 Marc répondit en sa colère:

«Non, ni répit, ni merci, ni plaid, ni jugement! Par ce Seigneur
qui créa le monde, si nul n'ose encore requérir de telle chose il
brûlera le premier sur ce brasier!»

---

notes

1. sarments: bois de vigne.
Ici, il s'agit de branches
sèches.
2. prime: six heures
du matin.

3. ban: proclamation.
4. escondit: disculpation
(action de s'innocenter)
prononcée par un
accusé et qui mène

à des procédures
judiciaires particulières.

Il ordonne qu'on allume le feu et qu'on aille quérir au château
40 Tristan d'abord.

Les épines flambent, tous se taisent, le roi attend.

Les valets ont couru jusqu'à la chambre où les amants sont
étroitement gardés. Ils entraînent Tristan par ses mains liées de
cordes. Par Dieu! ce fut vilenie de l'entraver ainsi! Il pleure
45 sous l'affront; mais de quoi lui servent les larmes? On l'emmène
honteusement; et la reine s'écrie, presque folle d'angoisse:

«Être tuée, ami, pour que vous soyez sauvé, ce serait
grande joie!»

Les gardes et Tristan descendent hors de la ville, vers le bûcher.
50 Mais, derrière eux, un cavalier se précipite, les rejoint, saute à bas
du destrier encore courant: c'est Dinas, le bon sénéchal. Au bruit
de l'aventure, il s'en venait de son château de Lidan, et l'écume,
la sueur et le sang ruisselaient aux flancs de son cheval:

«Fils, je me hâte vers le plaid du roi. Dieu m'accordera peut-
55 être d'y ouvrir tel conseil qui vous aidera tous deux; déjà il me
permet du moins de te servir par une menue courtoisie. Amis,
dit-il aux valets, je veux que vous le meniez sans ces entraves, –
et Dinas trancha les cordes honteuses; s'il essayait de fuir, ne
tenez-vous pas vos épées?»

60 Il baise Tristan sur les lèvres, remonte en selle, et son
cheval l'emporte.

Or, écoutez comme le Seigneur Dieu est plein de pitié. Lui qui
ne veut pas la mort du pécheur il reçut en gré les larmes et la
clameur des pauvres gens qui le suppliaient pour les amants

65 torturés. Près de la route où Tristan passait, au faîte d'un roc et tournée vers la bise[1], une chapelle se dressait sur la mer.

Le mur du chevet était posé au ras d'une falaise, haute, pierreuse, aux escarpements aigus ; dans l'abside[2], sur le précipice, était une verrière, œuvre habile d'un saint. Tristan dit à ceux qui le

70 menaient :

« Seigneurs, voyez cette chapelle ; permettez que j'y entre. Ma mort est prochaine, je prierai Dieu qu'il ait merci de moi, qui l'ai tant offensé. Seigneurs, la chapelle n'a d'autre issue que celle-ci ; chacun de vous tient son épée ; vous savez bien que je ne puis

75 passer que par cette porte, et quand j'aurai prié Dieu, il faudra bien que je me remette entre vos mains ! »

L'un des gardes dit :

« Nous pouvons bien le lui permettre. »

Ils le laissèrent entrer. Il court par la chapelle, franchit le cœur[3],

80 parvient à la verrière de l'abside, saisit la fenêtre, l'ouvre et s'élance… Plutôt cette chute que la mort sur le bûcher, devant telle assemblée !

Mais sachez, seigneurs, que Dieu lui fit belle merci : le vent se prend en ses vêtements, le soulève, le dépose sur une large pierre

85 au pied du rocher. Les gens de Cornouailles appellent encore cette pierre le « Saut de Tristan ».

Et devant l'église les autres l'attendaient toujours. Mais pour néant, car c'est Dieu maintenant qui l'a pris en sa garde. Il fuit : le sable meuble[4] croule sous ses pas. Il tombe, se retourne, voit au

90 loin le bûcher : la flamme bruit, la fumée monte. Il fuit.

notes

1. au faîte d'un roc et tournée sur la bise : la chapelle se trouve sur la partie la plus élevée d'un promontoire fait d'une pierre, là où le vent est particulièrement fort.

2. abside : partie d'une église qui se trouve derrière le chœur.

3. cœur : chœur ; partie de l'église réservée aux moines et aux chanteurs et où se trouve l'autel.

4. meuble : souple, qui se laboure facilement (agriculture).

L'épée ceinte, à bride abattue, Gorvenal s'était échappé de la cité : le roi l'aurait fait brûler en place de son seigneur. Il rejoignit Tristan sur la lande, et Tristan s'écria :

« Maître, Dieu m'a accordé sa merci. Ah ! chétif, à quoi bon ? Si
95   je n'ai Iseut, rien ne me vaut. Que ne me suis-je plutôt brisé dans ma chute ! J'ai échappé, Iseut, et l'on va te tuer. On la brûle pour moi ; pour elle je mourrai aussi. »

Gorvenal lui dit :

« Beau sire, prenez réconfort, n'écoutez pas la colère. Voyez ce
100   buisson épais, enclos d'un large fossé ; cachons-nous là : les gens passent nombreux sur cette route ; ils nous renseigneront, et, si l'on brûle Iseut, fils, je jure par Dieu, le fils de Marie, de ne jamais coucher sous un toit jusqu'au jour où nous l'aurons vengée.

— Beau maître, je n'ai pas mon épée.
105   — La voici, je te l'ai apportée.

— Bien, maître ; je ne crains plus rien, fors[1] Dieu.

— Fils, j'ai encore sous ma gonelle telle chose qui te réjouira : ce haubert[2] solide et léger, qui pourra te servir.

— Donne, beau maître. Par ce Dieu en qui je crois, je vais
110   maintenant délivrer mon amie.

— Non, ne te hâte point, dit Gorvenal. Dieu sans doute te réserve quelque plus sûre vengeance. Songe qu'il est hors de ton pouvoir d'approcher du bûcher ; les bourgeois l'entourent et craignent le roi ; tel voudrait bien ta délivrance, qui, le premier, te
115   frappera. Fils, on dit bien : Folie n'est pas prouesse… Attends… »

Or, quand Tristan s'était précipité de la falaise, un pauvre homme de la gent menue l'avait vu se relever et fuir. Il avait couru vers Tintagel et s'était glissé jusqu'en la chambre d'Iseut :

notes

1. fors : sauf.

2. haubert : cotte de mailles que l'on enfile par-dessus le vêtement pour se protéger lors des duels.

«Reine, ne pleurez plus. Votre ami s'est échappé!

120 — Dieu, dit-elle, en soit remercié! Maintenant, qu'ils me lient ou me délient, qu'ils m'épargnent ou qu'ils me tuent, je n'en ai plus souci!»

Or, les félons avaient si cruellement serré les cordes de ses poignets que le sang jaillissait. Mais, souriante, elle dit:

125 «Si je pleurais pour cette souffrance, alors qu'en sa bonté Dieu vient d'arracher mon ami à ces félons, certes, je ne vaudrais guère!»

Quand la nouvelle parvint au roi que Tristan s'était échappé par la verrière, il blêmit de courroux et commanda à ses hommes de
130 lui amener Iseut.

On l'entraîne; hors de la salle, sur le seuil, elle apparaît; elle tend ses mains délicates, d'où le sang coule. Une clameur monte par la rue: «O Dieu, pitié pour elle! Reine franche, reine honorée, quel deuil ont jeté sur cette terre ceux qui vous ont livrée!
135 Malédiction sur eux!»

La reine est traînée jusqu'au bûcher d'épines, qui flambe. Alors, Dinas, seigneur de Lidan, se laissa choir[1] aux pieds du roi:

«Sire, écoute-moi: je t'ai servi longuement, sans vilenie, en loyauté, sans en retirer nul profit: car il n'est pas un pauvre
140 homme, ni un orphelin, ni une vieille femme, qui me donnerait un denier de ta sénéchaussée[2], que j'ai tenue toute ma vie. En récompense, accorde-moi que tu recevras la reine à merci. Tu veux la brûler sans jugement: c'est forfaire[3], puisqu'elle ne reconnaît pas le crime dont tu l'accuses. Songes-y, d'ailleurs. Si
145 tu brûles son corps, il n'y aura plus de sûreté sur ta terre: Tristan s'est échappé; il connaît bien les plaines, les bois, les gués, les

notes ....

| 1. **choir**: tomber. | 2. **sénéchaussée**: entité territoriale à la charge du sénéchal. | 3. **forfaire**: faillir, pécher. |

passages, et il est hardi. Certes, tu es son oncle, et il ne s'attaquera pas à toi ; mais tous les barons, tes vassaux, qu'il pourra surprendre, il les tuera. »

150 Et les quatre félons pâlissent à l'entendre : déjà ils voient Tristan embusqué, qui les guette.

« Roi, dit le sénéchal, s'il est vrai que je t'ai bien servi toute ma vie, livre-moi Iseut ; je répondrai d'elle comme son garde et son garant. »

155 Mais le roi prit Dinas par la main et jura par le nom des saints qu'il ferait immédiate justice.

Alors Dinas se releva :

« Roi, je m'en retourne à Lidan et je renonce à votre service. »

Iseut sourit tristement. Il monte sur son destrier et s'éloigne,
160 marri[1] et morne, le front baissé.

Iseut se tient debout devant la flamme. La foule, à l'entour, crie, maudit le roi, maudit les traîtres. Les larmes coulent le long de sa face. Elle est vêtue d'un étroit bliaut gris, où court un filet d'or menu ; un fil d'or est tressé dans ses cheveux, qui tombent
165 jusqu'à ses pieds. Qui pourrait la voir si belle sans la prendre en pitié aurait un cœur de félon. Dieu ! comme ses bras sont étroitement liés !

Or, cent lépreux, déformés, la chair rongée et toute blanchâtre, accourus sur leurs béquilles au claquement des crécelles[2], se
170 pressaient devant le bûcher, et, sous leurs paupières enflées, leurs yeux sanglants jouissaient du spectacle.

Yvain, le plus hideux des malades, cria au roi d'une voix aiguë :

« Sire, tu veux jeter ta femme en ce brasier, c'est bonne justice, mais trop brève. Ce grand feu l'aura vite brûlée, ce grand vent

notes ....

1. marri : triste.
2. crécelles : instrument de musique composé d'un manche et d'une partie rotative dont la lame en

bois craque sur la partie du manche. On l'associe traditionnellement aux lépreux qui signalaient ainsi leur venue aux bien portants

pour leur éviter la contamination, dont on croyait qu'elle pouvait survenir du seul fait de respirer le même air que les lépreux.

Enluminure d'un manuscrit du XVe siècle, Tristan enlevant Iseut.

175 aura vite dispersé sa cendre. Et, quand cette flamme tombera tout à l'heure, sa peine sera finie. Veux-tu que je t'enseigne pire châtiment, en sorte qu'elle vive, mais à grand déshonneur, et toujours souhaitant la mort? Roi, le veux-tu?»

Le roi répondit:

180 «Oui, la vie pour elle, mais à grand déshonneur et pire que la mort… Qui m'enseignera un tel supplice, je l'en aimerai mieux.

— Sire, je te dirai donc brièvement ma pensée. Vois, j'ai là cent compagnons. Donne-nous Iseut, et qu'elle nous soit commune! Le mal attise nos désirs. Donne-la à tes lépreux, jamais dame

185 n'aura fait pire fin. Vois, nos haillons[1] sont collés à nos plaies, qui suintent. Elle qui, près de toi, se plaisait aux riches étoffes fourrées de vair[2], aux joyaux, aux salles parées de marbre, elle qui jouissait des bons vins, de l'honneur, de la joie, quand elle verra la cour de tes lépreux, quand il lui faudra entrer sous nos taudis bas et

190 coucher avec nous, alors Iseut la Belle, la Blonde, reconnaîtra son péché et regrettera ce beau feu d'épines!»

Le roi l'entend, se lève, et longuement reste immobile. Enfin, il court vers la reine et la saisit par la main. Elle crie:

«Par pitié, sire, brûlez-moi plutôt, brûlez-moi!»

195 Le roi la livre. Yvain la prend et les cent malades se pressent autour d'elle. À les entendre crier et glapir, tous les cœurs se fondent de pitié; mais Yvain est joyeux; Iseut s'en va, Yvain l'emmène. Hors de la cité descend le hideux cortège.

Ils ont pris la route où Tristan est embusqué. Gorvenal jette

200 un cri:

«Fils, que feras-tu? Voici ton amie!»

Tristan pousse son cheval hors du fourré:

«Yvain, tu lui as assez longtemps fait compagnie; laisse-la maintenant, si tu veux vivre!»

notes --

| **1. haillons:** vêtements | **2. vair:** fourrure d'écureuil.
| en lambeaux. |

205 Mais Yvain dégrafe son manteau.

«Hardi, compagnons! À vos bâtons! À vos béquilles! C'est l'instant de montrer sa prouesse!»

Alors, il fit beau voir les lépreux rejeter leurs chapes, se camper sur leurs pieds malades, souffler, crier, brandir leurs
210 béquilles: l'un menace et l'autre grogne. Mais il répugnait à Tristan de les frapper; les conteurs prétendent que Tristan tua Yvain: c'est dire vilenie; non, il était trop preux pour occire telle engeance[1]. Mais Gorvenal, ayant arraché une forte pousse de chêne, l'assena sur le crâne d'Yvain; le sang noir jaillit et
215 coula jusqu'à ses pieds difformes.

Tristan reprit la reine: désormais, elle ne sent plus nul mal. Il trancha les cordes de ses bras, et, quittant la plaine, ils s'enfoncèrent dans la forêt du Morois. Là, dans les grands bois, Tristan se sent en sûreté comme derrière la muraille d'un
220 fort château.

Quand le soleil pencha, ils s'arrêtèrent au pied d'un mont; la peur avait lassé la reine; elle reposa sa tête sur le corps de Tristan et s'endormit.

Au matin, Gorvenal déroba à un forestier son arc et deux
225 flèches bien empennées et barbelées[2] et les donna à Tristan, le bon archer, qui surprit un chevreuil et le tua. Gorvenal fit un amas de branches sèches, battit le fusil[3], fit jaillir l'étincelle et alluma un grand feu pour cuire la venaison; Tristan coupa des branchages, construisit une hutte et la recouvrit de feuillée; Iseut la joncha[4]
230 d'herbes épaisses.

Alors, au fond de la forêt sauvage, commença pour les fugitifs l'âpre vie, aimée pourtant.

notes

1. engeance: catégorie de gens méprisables.
2. empennées et barbelées: garnies de plumes et de pointes.
3. fusil: pièce de métal destinée à produire des étincelles en frappant un silex.
4. joncha: recouvrit.

Chapitre IX

LA FORÊT DU MOROIS

Au fond de la forêt sauvage, à grand ahan[1], comme des bêtes traquées, ils errent, et rarement osent revenir le soir au gîte de la veille. Ils ne mangent que la chair des fauves et regrettent le goût du sel. Leurs visages amaigris se font blêmes, leurs vêtements tombent en haillons, déchirés par les ronces[2]. Ils s'aiment, ils ne souffrent pas.

Un jour, comme ils parcouraient ces grands bois qui n'avaient jamais été abattus, ils arrivèrent par aventure à l'ermitage[3] du Frère Ogrin.

Au soleil, sous un bois léger d'érables, auprès de sa chapelle, le vieil homme, appuyé sur sa béquille, allait à pas menus.

notes

1. **à grand ahan:** péniblement.
2. **ronces:** variété de plante épineuse.
3. **ermitage:** habitation de l'ermite, religieux qui s'est retiré du monde pour vivre dans la solitude et la prière.

«Sire Tristan, s'écria-t-il, sachez quel grand serment ont juré les hommes de Cornouailles. Le roi a fait crier un ban par toutes les paroisses. Qui se saisira de vous recevra cent marcs d'or
15 pour son salaire, et tous les barons ont juré de vous livrer mort ou vif. Repentez-vous, Tristan! Dieu pardonne au pécheur qui vient à repentance.

— Me repentir, sire Ogrin? De quel crime? Vous qui nous jugez, savez-vous quel boire nous avons bu sur la mer? Oui, la
20 bonne liqueur nous enivre, et j'aimerais mieux mendier toute ma vie par les routes et vivre d'herbes et de racines avec Iseut, que sans elle être roi d'un beau royaume.

— Sire Tristan, Dieu vous soit en aide, car vous avez perdu ce monde-ci et l'autre. Le traître à son seigneur, on doit le faire
25 écarteler par deux chevaux, le brûler sur un bûcher, et là où sa cendre tombe, il ne croît plus d'herbe et le labour reste inutile; les arbres, la verdure y dépérissent. Tristan, rendez la reine à celui qu'elle a épousé selon la loi de Rome!

— Elle n'est plus à lui; il l'a donnée à ses lépreux; c'est sur les
30 lépreux que je l'ai conquise. Désormais, elle est mienne; je ne puis me séparer d'elle, ni elle de moi.»

Ogrin s'était assis; à ses pieds, Iseut pleurait, la tête sur les genoux de l'homme qui souffre pour Dieu. L'ermite lui redisait les saintes paroles du Livre; mais, toute pleurante, elle secouait la
35 tête et refusait de le croire.

«Hélas! dit Ogrin, quel réconfort peut-on donner à des morts? Repens-toi, Tristan, car celui qui vit dans le péché sans repentir est un mort.

— Non, je vis et ne me repens pas. Nous retournons à la forêt,
40 qui nous protège et nous garde. Viens, Iseut, amie!»

Iseut se releva ; ils se prirent par les mains. Ils entrèrent dans les hautes herbes et les bruyères ; les arbres refermèrent sur eux leurs branchages ; ils disparurent derrière les frondaisons[1].

Écoutez, seigneurs, une belle aventure. Tristan avait nourri un
45 chien, un brachet[2], beau, vif, léger à la course : ni comte, ni roi n'a son pareil pour la chasse à l'arc. On l'appelait Husdent. Il avait fallu l'enfermer dans le donjon, entravé par un billot[3] suspendu à son cou ; depuis le jour où il avait cessé de voir son maître, il refusait toute pitance[4], grattant la terre du pied, pleurait des yeux,
50 hurlait. Plusieurs en eurent compassion.

« Husdent, disaient-ils, nulle bête n'a su si bien aimer que toi ; oui, Salomon a dit sagement : « Mon ami vrai, c'est mon lévrier. »

Et le roi Marc, se rappelant les jours passés, songeait en son cœur : « Ce chien montre grand sens à pleurer ainsi son seigneur : car
55 y a-t-il personne par toute la Cornouailles qui vaille Tristan ? »

Trois barons vinrent au roi :

« Sire, faites délier Husdent : nous saurons bien s'il mène tel deuil par regret de son maître ; si non, vous le verrez, à peine détaché, la gueule ouverte, la langue au vent, poursuivre, pour les
60 mordre, gens et bêtes. »

On le délie. Il bondit par la porte et court à la chambre où naguère il trouvait Tristan. Il gronde, gémit, cherche, découvre enfin la trace de son seigneur. Il parcourt pas à pas la route que Tristan a suivie vers le bûcher. Chacun le suit. Il jappe clair et
65 grimpe vers la falaise. Le voici dans la chapelle, et qui bondit sur l'autel ; soudain il se jette par la verrière, tombe au pied du rocher, reprend la piste sur la grève, s'arrête un instant dans le bois fleuri où Tristan s'était embusqué, puis repart vers la forêt. Nul ne le voit qui n'en ait pitié.

notes ....

| **1. frondaisons** : feuillage. | **3. billot** : bloc de bois. | **4. pitance** : portion |
| **2. brachet** : chien courant. | | de nourriture. |

70 « Beau roi, dirent alors les chevaliers, cessons de le suivre ; il nous pourrait mener en tel lieu d'où le retour serait malaisé. »

Ils le laissèrent et s'en revinrent. Sous bois, le chien donna de la voix et la forêt en retentit. De loin, Tristan, la reine et Gorvenal l'ont entendu : « C'est Husdent ! » Ils s'effrayent : sans doute le roi 75 les poursuit ; ainsi il les fait relancer comme des fauves par des limiers !… Ils s'enfoncent sous un fourré. À la lisière, Tristan se dresse, son arc bandé. Mais quand Husdent eut vu et reconnu son seigneur, il bondit jusqu'à lui, remua sa tête et sa queue, ploya[1] l'échine, se roula en cercle. Qui vit jamais telle joie ? Puis il courut 80 à Iseut la Blonde, à Gorvenal, et fit fête aussi au cheval. Tristan en eut grande pitié :

« Hélas ! par quel malheur nous a-t-il retrouvés ? Que peut faire de ce chien, qui ne sait se tenir coi, un homme harcelé ? Par les plaines et par les bois, par toute sa terre, le roi nous traque : 85 Husdent nous trahira par ses aboiements. Ah ! c'est par amour et par noblesse de nature qu'il est venu chercher la mort. Il faut nous garder pourtant. Que faire ? Conseillez-moi. »

Iseut flatta Husdent de la main et dit :

« Sire, épargnez-le ! J'ai ouï parler d'un forestier gallois qui avait 90 habitué son chien à suivre, sans aboyer, la trace de sang des cerfs blessés. Ami Tristan, quelle joie si on réussissait, en y mettant sa peine, à dresser ainsi Husdent ! »

Il y songea un instant, tandis que le chien léchait les mains d'Iseut. Tristan eut pitié et dit :

95 « Je veux essayer ; il m'est trop dur de le tuer. »

Bientôt Tristan se met en chasse, déloge un daim, le blesse d'une flèche. Le brachet veut s'élancer sur la voie du daim, et crie si haut

note ....

| **1. ploya :** courba.

127

Gravure sur bois d'après le dessin d'Hermann Vogel, v. 1880.

que le bois en résonne. Tristan le fait taire en le frappant ; Husdent
lève la tête vers son maître, s'étonne, n'ose plus crier, abandonne
100 la trace ; Tristan le met sous lui, puis bat sa botte de sa baguette de
châtaignier, comme font les veneurs pour exciter les chiens ; à ce
signal, Husdent veut crier encore, et Tristan le corrige. En l'ensei-
gnant ainsi, au bout d'un mois à peine, il l'eut dressé à chasser à
la muette[1] : quand sa flèche avait blessé un chevreuil ou un daim,
105 Husdent, sans jamais donner de la voix, suivait la trace sur la
neige, la glace ou l'herbe ; s'il atteignait la bête sous bois, il savait
marquer la place en y portant des branchages ; s'il la prenait sur la
lande, il amassait des herbes sur le corps abattu et revenait, sans un
aboi, chercher son maître.

110 L'été s'en va, l'hiver est venu. Les amants vécurent tapis dans le
creux d'un rocher : et sur le sol durci par la froidure, les glaçons
hérissaient leur lit de feuilles mortes. Par la puissance de leur
amour, ni l'un ni l'autre ne sentit sa misère.

Mais quand revint le temps clair, ils dressèrent sous les grands
115 arbres leur hutte de branches reverdies. Tristan savait d'enfance
l'art de contrefaire le chant des oiseaux des bois ; à son gré, il
imitait le loriot, la mésange, le rossignol et toute la gent ailée ; et,
parfois, sur les branches de la hutte, venus à son appel, les oiseaux
nombreux, le cou gonflé, chantaient leurs lais dans la lumière.

120 Les amants ne fuyaient plus par la forêt, sans cesse errants ; car nul
des barons ne se risquait à les poursuivre, connaissant que
Tristan les eût pendus aux branches des arbres. Un jour, pourtant,
l'un des quatre traîtres, Guenelon, que Dieu maudisse ! entraîné
par l'ardeur de la chasse, osa s'aventurer aux alentours du Morois.

note ....

1. à la muette :
silencieusement.

129

125 Ce matin-là, sur la lisière de la forêt, au creux d'une ravine, Gorvenal, ayant enlevé la selle de son destrier, lui laissait paître l'herbe nouvelle ; là-bas, dans la loge de feuillage, sur la jonchée[1] fleurie, Tristan tenait la reine étroitement embrassée, et tous deux dormaient.

130 Tout à coup, Gorvenal entendit le bruit d'une meute : à grande allure les chiens lançaient un cerf, qui se jeta au ravin. Au loin, sur la lande, apparut un veneur ; Gorvenal le reconnut : c'était Guenelon, l'homme que son seigneur haïssait entre tous. Seul, sans écuyer, les éperons aux flancs saignants de son 135 destrier et lui cinglant l'encolure, il accourait. Embusqué derrière un arbre, Gorvenal le guette : il vient vite, il sera plus lent à s'en retourner.

Il passe. Gorvenal bondit de l'embuscade, saisit le frein, et, revoyant à cet instant tout le mal que l'homme avait fait, 140 l'abat, le démembre tout, et s'en va, emportant la tête tranchée.

Là-bas, dans la loge de feuillée, sur la jonchée fleurie, Tristan et la reine dormaient étroitement embrassés. Gorvenal y vint sans bruit, la tête du mort à la main.

Lorsque les veneurs trouvèrent sous l'arbre le tronc sans tête, 145 éperdus, comme si déjà Tristan les poursuivait, ils s'enfuirent, craignant la mort. Depuis, l'on ne vint plus guère chasser dans ce bois.

Pour réjouir au réveil le cœur de son seigneur, Gorvenal attacha, par les cheveux, la tête à la fourche de la hutte : la ramée 150 épaisse l'enguirlandait[2].

Tristan s'éveilla et vit, à demi cachée derrière les feuilles, la tête qui le regardait. Il reconnaît Guenelon ; il se dresse sur ses pieds, effrayé. Mais son maître lui crie :

notes ....

| **1. jonchée :** tapis d'herbe ou de fleurs. | **2. la ramée épaisse l'enguirlandait :** les branches | coupées formaient une guirlande autour de lui. |

«Rassure-toi, il est mort. Je l'ai tué de cette épée. Fils, c'était
155 ton ennemi!»

Et Tristan se réjouit; celui qu'il haïssait, Guenelon, est occis.

Désormais, nul n'osa plus pénétrer dans la forêt sauvage: l'effroi
en garde l'entrée et les amants y sont maîtres. C'est alors que
Tristan façonna l'arc Qui-ne-faut[1], lequel atteignait toujours
160 le but, homme ou bête, à l'endroit visé.

Seigneurs, c'était un jour d'été, au temps où l'on moissonne, un
peu après la Pentecôte[2], et les oiseaux à la rosée chantaient l'aube
prochaine. Tristan sortit de la hutte, ceignit[3] son épée, apprêta l'arc
Qui-ne-faut et, seul, s'en fut chasser par le bois. Avant que
165 descende le soir, une grande peine lui adviendra. Non, jamais
amants ne s'aimèrent tant et ne l'expièrent si durement.

Quand Tristan revint de la chasse, accablé par la lourde chaleur,
il prit la reine entre ses bras.

«Ami, où avez-vous été?

170 — Après un cerf qui m'a tout lassé. Vois, la sueur coule de mes
membres, je voudrais me coucher et dormir.»

Sous la loge de verts rameaux, jonchée d'herbes fraîches, Iseut
s'étendit la première. Tristan se coucha près d'elle et déposa son
épée nue entre leurs corps. Pour leur bonheur, ils avaient gardé
175 leurs vêtements. La reine avait au doigt l'anneau d'or aux belles
émeraudes que Marc lui avait donné au jour des épousailles; ses
doigts étaient devenus si grêles, que la bague y tenait à peine. Ils
dormaient ainsi, l'un des bras de Tristan passé sous le cou de son
amie, l'autre jeté sur son beau corps, étroitement embrassés; mais
180 leurs lèvres ne se touchaient point. Pas un souffle de brise, pas une

notes

1. l'arc Qui-ne-faut: il est de
tradition, pour le chevalier
médiéval, de nommer ses
armes. Ici, Tristan donne le
nom évocateur de «Qui-ne-
faut», c'est-à-dire «qui n'a

pas de faille», «qui ne rate
pas sa cible» à son arc, qui
est donc invincible.
2. Pentecôte: fête chrétienne
célébrant la descente du
Saint-Esprit, symbolisé par

des langues de feu sur les
apôtres. Elle est célébrée
annuellement cinquante
jours après Pâques.
3. ceignit: attacha
autour de sa taille.

feuille qui tremble. À travers le toit de feuillage, un rayon de soleil descendait sur le visage d'Iseut, qui brillait comme un glaçon.

Or, un forestier trouva dans le bois une place où les herbes étaient foulées ; la veille, les amants s'étaient couchés là ; mais il ne reconnut pas l'empreinte de leurs corps, suivit la trace et parvint à leur gîte. Il les vit qui dormaient, les reconnut et s'enfuit, craignant le réveil terrible de Tristan. Il s'enfuit jusqu'à Tintagel, à deux lieues de là, monta les degrés[1] de la salle, et trouva le roi qui tenait ses plaids au milieu de ses vassaux assemblés.

«Ami, que viens-tu quérir céans[2], hors d'haleine comme je te vois ? On dirait un valet de limiers qui a longtemps couru après les chiens. Veux-tu, toi aussi, nous demander raison de quelque tort ? Qui t'a chassé de ma forêt ?»

Le forestier le prit à l'écart et, tout bas, lui dit :

«J'ai vu la reine et Tristan. Ils dormaient, j'ai pris peur.

– En quel lieu ?

– Dans une hutte du Morois. Ils dorment aux bras l'un de l'autre. Viens tôt, si tu veux prendre ta vengeance.

– Va m'attendre à l'entrée du bois, au pied de la Croix Rouge. Ne parle à nul homme de ce que tu as vu ; je te donnerai de l'or et de l'argent, tant que tu en voudras prendre.»

Le forestier y va et s'assied sous la Croix Rouge. Maudit soit l'espion ! Mais il mourra honteusement, comme cette histoire vous le dira tout à l'heure.

Le roi fit seller son cheval, ceignit son épée, et, sans nulle compagnie, s'échappa de la cité. Tout en chevauchant, seul, il se ressouvint de la nuit où il avait saisi son neveu : quelle tendresse avait alors montrée pour Tristan Iseut la Belle, au visage clair ! S'il

notes ⋯⋯⋯⋯⋯⋯⋯⋯⋯⋯⋯⋯

1. **degrés**: marches.
2. **céans**: ici.

210 les surprend, il châtiera ces grands péchés; il se vengera de ceux qui l'ont honni…

À la Croix Rouge, il trouva le forestier:

«Va devant; mène-moi vite et droit.»

L'ombre noire des grands arbres les enveloppe. Le roi suit l'espion. Il se fie à son épée, qui jadis a frappé de beaux coups.
215 Ah! si Tristan s'éveille, l'un des deux, Dieu sait lequel! restera mort sur la place. Enfin le forestier dit tout bas:

«Roi, nous approchons.»

Il lui tint l'étrier et lia les rênes du cheval aux branches d'un pommier vert. Ils approchèrent encore, et soudain, dans une
220 clairière ensoleillée, virent la hutte fleurie.

Le roi délace son manteau aux attaches d'or fin, le rejette, et son beau corps apparaît. Il tire son épée hors de la gaine, et redit en son cœur qu'il veut mourir s'il ne les tue. Le forestier le suivait; il lui fait signe de s'en retourner.

225 Il pénètre, seul, sous la hutte, l'épée nue, et la brandit… Ah! quel deuil s'il assène ce coup! Mais il remarqua que leurs bouches ne se touchaient pas et qu'une épée nue séparait leurs corps:

«Dieu! se dit-il, que vois-je ici? Faut-il les tuer? Depuis si longtemps qu'ils vivent en ce bois, s'ils s'aimaient de fol amour,
230 auraient-ils placé cette épée entre eux? Et chacun ne sait-il pas qu'une lame nue, qui sépare deux corps, est garante et gardienne de chasteté?[1] S'ils s'aimaient de fol amour, reposeraient-ils si purement? Non, je ne les tuerai pas; ce serait grand péché de les frapper; et si j'éveillais ce dormeur et que l'un de nous deux fût
235 tué, on en parlerait longtemps, et pour notre honte. Mais je ferai

note ···

1. Ce passage est une variante de l'assag, rite courtois considéré comme l'épreuve ultime que la dame impose à son amant avant de se donner à lui. Pour surmonter l'épreuve, l'amoureux doit passer une nuit sans toucher sa bien-aimée, couchée nue à ses côtés. Ici, l'auteur propose une variante de l'assag, car les amants ne sont évidemment plus chastes.

qu'à leur réveil ils sachent que je les ai trouvés endormis, que je n'ai pas voulu leur mort, et que Dieu les a pris en pitié. »

Le soleil, traversant la hutte, brûlait la face blanche d'Iseut. Le roi prit ses gants parés d'hermine : « C'est elle, songeait-il, qui,
240 naguère, me les apporta d'Irlande !… » Il les plaça dans le feuillage pour fermer le trou par où le rayon descendait ; puis il retira doucement la bague aux pierres d'émeraude qu'il avait donnée à la reine ; naguère il avait fallu forcer un peu pour la lui passer au doigt ; maintenant ses doigts étaient si grêles que la bague vint
245 sans effort : à la place, le roi mit l'anneau dont Iseut, jadis, lui avait fait présent. Puis il enleva l'épée qui séparait les amants, celle-là même – il la reconnut – qui s'était ébréchée dans le crâne du Morholt, posa la sienne à la place, sortit de la loge, sauta en selle, et dit au forestier :
250 « Fuis maintenant, et sauve ton corps, si tu peux ! »

Or, Iseut eut une vision dans son sommeil : elle était sous une riche tente, au milieu d'un grand bois. Deux lions s'élançaient sur elle et se battaient pour l'avoir… Elle jeta un cri et s'éveilla : les gants parés d'hermine blanche tombèrent sur son sein. Au cri,
255 Tristan se dressa en pieds, voulut ramasser son épée et reconnut, à sa garde[1] d'or, celle du roi. Et la reine vit à son doigt l'anneau de Marc. Elle s'écria :

« Sire, malheur à nous ! Le roi nous a surpris !

– Oui, dit Tristan, il a emporté mon épée ; il était seul, il a pris
260 peur, il est allé chercher du renfort ; il reviendra, nous fera brûler devant tout le peuple. Fuyons !… »

Et, à grandes journées, accompagnés de Gorvenal, ils s'enfuirent vers la terre de Galles, jusqu'aux confins de la forêt du Morois. Que de tortures amour leur aura causées !

---

note

1. garde : partie de l'épée qui protège la main contre les coups de l'adversaire.

Chapitre X

L'ERMITE OGRIN

À trois jours de là, comme Tristan avait longuement suivi les erres[1] d'un cerf blessé, la nuit tomba, et sous le bois obscur, il se prit à songer:

«Non, ce n'est point par crainte que le roi nous a épargnés. Il avait pris mon épée, je dormais, j'étais à sa merci, il pouvait frapper; à quoi bon du renfort? Et s'il voulait me prendre vif, pourquoi, m'ayant désarmé, m'aurait-il laissé sa propre épée? Ah! je t'ai reconnu, père: non par peur, mais par tendresse et par pitié, tu as voulu nous pardonner. Nous pardonner? Qui donc pourrait, sans s'avilir[2], remettre un tel forfait? Non, il n'a point pardonné, mais il a compris. Il a connu qu'au bûcher, au saut de la chapelle, à l'embuscade contre les lépreux, Dieu nous avait pris en sa sauvegarde. Il s'est alors rappelé l'enfant qui, jadis, harpait à ses

notes

1. **erres:** traces.

2. **s'avilir:** s'abaisser, perdre sa valeur.

135

pieds, et ma terre de Loonnois, abandonnée pour lui, et l'épieu
du Morholt, et le sang versé pour son honneur. Il s'est rappelé
que je n'avais pas reconnu mon tort, mais vainement réclamé
jugement, droit et bataille, et la noblesse de son cœur l'a incliné à
comprendre les choses qu'autour de lui ses hommes ne comprennent pas : non qu'il sache ni jamais puisse savoir la vérité de
notre amour ; mais il doute, il espère, il sent que je n'ai pas dit
mensonge, il désire que par jugement je trouve mon droit. Ah !
bel oncle, vaincre en bataille par l'aide de Dieu, gagner votre paix,
et, pour vous, revêtir encore le haubert et le heaume ! Qu'ai-je
pensé ? Il reprendrait Iseut : je la lui livrerais ? Que ne m'a-t-il
égorgé plutôt dans mon sommeil ! Naguère, traqué par lui, je
pouvais le haïr et l'oublier : il avait abandonné Iseut aux malades ;
elle n'était plus à lui, elle était mienne. Voici que par sa compassion il a réveillé ma tendresse et reconquis la reine. La reine ? Elle
était reine près de lui, et dans ce bois elle vit comme une serve.
Qu'ai-je fait de sa jeunesse ? Au lieu de ses chambres tendues de
draps de soie, je lui donne cette forêt sauvage ; une hutte, au lieu
de ses belles courtines ; et c'est pour moi qu'elle suit cette route
mauvaise. Au seigneur Dieu, roi du monde, je crie merci et je le
supplie qu'il me donne la force de rendre Iseut au roi Marc.
N'est-elle pas sa femme, épousée selon la loi de Rome, devant
tous les riches hommes de sa terre ? »

Tristan s'appuie sur son arc, et longuement se lamente dans
la nuit.

Dans le fourré clos de ronces qui leur servait de gîte, Iseut la
Blonde attendait le retour de Tristan. À la clarté d'un rayon de
lune, elle vit luire à son doigt l'anneau d'or que Marc y avait
glissé. Elle songea :

«Celui qui par belle courtoisie m'a donné cet anneau d'or n'est pas l'homme irrité qui me livrait aux lépreux; non, c'est le seigneur compatissant qui, du jour où j'ai abordé sur sa terre, m'accueillit et me protégea. Comme il aimait Tristan! Mais je suis venue, et qu'ai-je fait? Tristan ne devrait-il pas vivre au palais du roi, avec cent damoiseaux autour de lui, qui seraient de sa mesnie[1] et le serviraient pour être armés chevaliers? Ne devrait-il pas, chevauchant par les cours et les baronnies, chercher soudées[2] et aventures? Mais, pour moi, il oublie toute chevalerie, exilé de la cour, pourchassé dans ce bois, menant cette vie sauvage!…»

Elle entendit alors sur les feuilles et les branches mortes s'approcher le pas de Tristan. Elle vint à sa rencontre comme à son ordinaire, pour lui prendre ses armes. Elle lui enleva des mains l'arc Qui-ne-faut et ses flèches, et dénoua les attaches de son épée.

«Amie, dit Tristan, c'est l'épée du roi Marc. Elle devait nous égorger, elle nous a épargnés.»

Iseut prit l'épée, en baisa la garde d'or; et Tristan vit qu'elle pleurait.

«Amie, dit-il, si je pouvais faire accord avec le roi Marc! S'il m'admettait à soutenir par bataille que jamais, ni en fait, ni en paroles, je ne vous ai aimée d'amour coupable, tout chevalier de son royaume depuis Lidan jusqu'à Durham qui m'oserait contredire me trouverait armé en champ clos. Puis, si le roi voulait souffrir de me garder en sa mesnie, je le servirais à grand honneur, comme mon seigneur et mon père; et, s'il préférait m'éloigner et vous garder, je passerais en Frise[3] ou en Bretagne, avec Gorvenal comme seul compagnon. Mais partout où j'irais, reine, et toujours,

---

notes

1. mesnie: entourage, maisonnée.
2. soudées: littéralement, le salaire du chevalier engagé.

Dans le contexte, le mot désigne sans doute les batailles et les tournois auxquels participe le guerrier.

3. Frise: province des actuels Pays-Bas.

je resterais vôtre. Iseut, je ne songerais pas à cette séparation, n'était la dure misère que vous supportez pour moi depuis si longtemps, belle, en cette terre déserte.

75 — Tristan, qu'il vous souvienne de l'ermite Ogrin dans son bocage[1] ! Retournons vers lui, et puissions-nous crier merci au puissant roi céleste, Tristan, ami ! »

Ils éveillèrent Gorvenal ; Iseut monta sur le cheval, que Tristan conduisit par le frein, et, toute la nuit, traversant pour la dernière fois les bois aimés, ils cheminèrent sans une parole.

80 Au matin, ils prirent du repos, puis marchèrent encore, tant qu'ils parvinrent à l'ermitage. Au seuil de sa chapelle, Ogrin lisait en un livre. Il les vit, et, de loin, les appela tendrement :

« Amis ! comme amour vous traque de misère en misère ! Combien durera votre folie ? Courage ! repentez-vous enfin ! »

85 Tristan lui dit :

« Écoutez, sire Ogrin. Aidez-nous pour offrir un accord au roi. Je lui rendrais la reine. Puis, je m'en irais au loin, en Bretagne ou en Frise ; un jour, si le roi voulait me souffrir près de lui, je reviendrais et le servirais comme je dois. »

90 Inclinée aux pieds de l'ermite, Iseut dit à son tour, dolente[2] :

« Je ne vivrai plus ainsi. Je ne dis pas que je me repente d'avoir aimé et d'aimer Tristan, encore et toujours ; mais nos corps, du moins, seront désormais séparés. »

L'ermite pleura et adora Dieu : « Dieu, beau roi tout-puissant !
95 Je vous rends grâces de m'avoir laissé vivre assez longtemps pour venir en aide à ceux-ci ! » Il les conseilla sagement, puis il prit de l'encre et du parchemin et écrivit un bref où Tristan offrait

note∫ ....

1. **bocage**: petit bois.
2. **dolente**: plaintive.

Projet de décor pour une scène de l'opéra *Tristan et Isolde*
de Richard Wagner, 1902.

un accord au roi. Quand il y eut écrit toutes les paroles que Tristan lui dit, celui-ci les scella de son anneau.

100 « Qui portera ce bref ? demanda l'ermite.

– Je le porterai moi-même.

– Non, sire Tristan, vous ne tenterez point cette chevauchée hasardeuse ; j'irai pour vous, je connais bien les êtres du château.

– Laissez, beau sire Ogrin ; la reine restera en votre ermitage ;
105 à la tombée de la nuit, j'irai avec mon écuyer, qui gardera mon cheval. »

Quand l'obscurité descendit sur la forêt, Tristan se mit en route avec Gorvenal. Aux portes de Tintagel, il le quitta. Sur les murs, les guetteurs sonnaient leurs trompes. Il se coula dans le
110 fossé et traversa la ville au péril de son corps. Il franchit comme autrefois les palissades aiguës du verger, revit le perron de marbre, la fontaine et le grand pin, et s'approcha de la fenêtre derrière laquelle le roi dormait. Il l'appela doucement. Marc s'éveilla :

115 « Qui es-tu, toi qui m'appelles dans la nuit, à pareille heure ?

– Sire, je suis Tristan, je vous apporte un bref ; je le laisse là, sur le grillage de cette fenêtre. Faites attacher votre réponse à la branche de la Croix Rouge.

– Pour l'amour de Dieu, beau neveu, attends-moi ! »
120 Il s'élança sur le seuil, et, par trois fois, cria dans la nuit :

« Tristan ! Tristan ! Tristan, mon fils ! »

Mais Tristan avait fui. Il rejoignit son écuyer et, d'un bond léger, se mit en selle :

« Fou ! dit Gorvenal, hâte-toi, fuyons par ce chemin. »
125 Ils parvinrent enfin à l'ermitage où ils trouvèrent, les attendant, l'ermite qui priait, Iseut qui pleurait.

Chapitre XI

LE GUÉ¹ AVENTUREUX

Marc fit éveiller son chapelain² et lui tendit la lettre. Le clerc brisa la cire³ et salua d'abord le roi au nom de Tristan ; puis, ayant habilement déchiffré les paroles écrites, il lui rapporta ce que Tristan lui mandait. Marc l'écouta sans mot dire et se
5 réjouissait en son cœur, car il aimait encore la reine.

Il convoqua nommément les plus prisés⁴ de ses barons, et, quand ils furent tous assemblés, ils firent silence et le roi parla :

« Seigneurs, j'ai reçu ce bref. Je suis roi sur vous, et vous êtes mes féaux. Écoutez les choses qui me sont mandées ; puis conseillez-
10 moi, je vous en requiers, puisque vous me devez le conseil. »

Le chapelain se leva, délia le bref de ses deux mains, et, debout devant le roi :

notes ⋯⋯⋯⋯⋯⋯⋯⋯⋯⋯⋯⋯⋯⋯⋯⋯⋯⋯⋯⋯⋯⋯⋯⋯⋯⋯⋯⋯⋯

1. gué : endroit peu profond où l'on peut franchir un cours d'eau à pied.
2. chapelain : prêtre qui dessert une chapelle privée.

3. brisa la cire : décacheta la lettre (au Moyen Âge, les lettres sont fermées par un cachet de cire).
4. prisés : appréciés.

141

«Seigneurs, dit-il, Tristan mande d'abord salut et amour au roi et à toute sa baronnie. «Roi, ajoute-t-il, quand j'ai eu tué le dra-
15 gon et que j'eus conquis la fille du roi d'Irlande, c'est à moi qu'elle fut donnée ; j'étais maître de la garder, mais je ne l'ai point voulu : je l'ai amenée en votre contrée et vous l'ai livrée. Pourtant, à peine l'aviez-vous prise pour femme, des félons vous firent accroire leurs mensonges. En votre colère, bel oncle, mon
20 seigneur, vous avez voulu nous faire brûler sans jugement. Mais Dieu a été pris de compassion : nous l'avons supplié, il a sauvé la reine, et ce fut justice ; moi aussi, en me précipitant d'un rocher élevé, j'échappai, par la puissance de Dieu. Qu'ai-je fait depuis, que l'on puisse blâmer ? La reine était livrée aux malades, je suis
25 venu à sa rescousse, je l'ai emportée : pouvais-je donc manquer en ce besoin à celle qui avait failli mourir, innocente, à cause de moi ? J'ai fui avec elle par les bois : pouvais-je donc, pour vous la rendre, sortir de la forêt et descendre dans la plaine ? N'aviez-vous pas commandé qu'on nous prît morts ou vifs ? Mais, aujourd'hui
30 comme alors, je suis prêt, beau sire, à donner mon gage et à soutenir contre tout venant par bataille[1] que jamais la reine n'eut pour moi, ni moi pour la reine, d'amour qui vous fût une offense. Ordonnez le combat : je ne récuse[2] nul adversaire, et, si je ne puis prouver mon droit, faites-moi brûler devant vos hommes. Mais si
35 je triomphe et qu'il vous plaise de reprendre Iseut au clair visage, nul de vos barons ne vous servira mieux que moi ; si, au contraire, vous n'avez cure de mon service, je passerai la mer, j'irai m'offrir au roi de Gavoie ou au roi de Frise, et vous n'entendrez plus jamais parler de moi. Sire, prenez conseil, et, si vous ne consentez
40 à nul accord, je ramènerai Iseut en Irlande, où je l'ai prise ; elle sera reine en son pays.»

notes ··

1. à soutenir contre tout venant par bataille : ici, Tristan appelle au duel judiciaire, cette forme de jugement par Dieu où seul le vainqueur du combat, que l'on croyait soutenu par Dieu, est innocenté.

2. récuse : refuse.

Quand les barons cornouaillais entendirent que Tristan leur offrait la bataille, ils dirent tous au roi :

« Sire, reprends la reine : ce sont des insensés qui l'ont calomniée
45 auprès de toi. Quant à Tristan, qu'il s'en aille, ainsi qu'il l'offre, guerroyer en Gavoie ou près du roi de Frise. Mande-lui de te ramener Iseut, à tel jour et bientôt. »

Le roi demanda par trois fois :

« Nul ne se lève-t-il pour accuser Tristan ? »

50 Tous se taisaient. Alors il dit au chapelain :

« Faites donc un bref au plus vite ; vous avez ouï ce qu'il faut y mettre ; hâtez-vous de l'écrire : Iseut n'a que trop souffert en ses jeunes années ! Et que la charte soit suspendue à la branche de la Croix Rouge avant ce soir ; faites vite ! »

55 Il ajouta :

« Vous direz encore que je leur envoie à tous deux salut et amour. »

Vers la mi-nuit, Tristan traversa la Blanche Lande, trouva le bref et l'apporta scellé à l'ermite Ogrin. L'ermite lui lut les lettres :
60 Marc consentait, sur le conseil de tous ses barons, à reprendre Iseut, mais non à garder Tristan comme soudoyer[1] ; pour Tristan, il lui faudrait passer la mer, quand, à trois jours de là, au Gué Aventureux, il aurait remis la reine entre les mains de Marc.

« Dieu ! dit Tristan, quel deuil de vous perdre, amie ! Il le faut,
65 pourtant, puisque la souffrance que vous supportiez à cause de moi, je puis maintenant vous l'épargner. Quand viendra l'instant de nous séparer, je vous donnerai un présent, gage de mon amour. Du pays inconnu où je vais, je vous enverrai un messager ;

note ....

1. soudoyer : littéralement, « celui que l'on paie pour obtenir son soutien ». | Dans le contexte, le mot signifie « chevalier ».

il me redira votre désir, amie, et, au premier appel, de la terre
70 lointaine, j'accourrai. »

Iseut soupira et dit :

« Tristan, laisse-moi Husdent, ton chien. Jamais limier de prix
n'aura été gardé à plus d'honneur. Quand je le verrai, je me sou-
viendrai de toi et je serai moins triste. Ami, j'ai un anneau de
75 jaspe[1] vert, prends-le pour l'amour de moi, porte-le à ton doigt :
si jamais un messager prétend venir de ta part, je ne le croirai pas,
quoi qu'il fasse ou qu'il dise, tant qu'il ne m'aura pas montré cet
anneau. Mais, dès que je l'aurai vu, nul pouvoir, nulle défense
royale ne m'empêcheront de faire ce que tu m'auras mandé, que
80 ce soit sagesse ou folie.

— Amie, je vous donne Husdent.

— Ami, prenez cet anneau en récompense. »

Et tous deux se baisèrent sur les lèvres.

Or, laissant les amants à l'ermitage, Ogrin avait cheminé sur sa
85 béquille jusqu'au Mont ; il y acheta du vair, du gris[2], de l'hermine,
des draps de soie, de pourpre et d'écarlate, et un chainse[3] plus
blanc que fleur de lis, et encore un palefroi[4] harnaché[5] d'or, qui
allait l'amble[6] doucement. Les gens riaient à le voir disperser,
pour ces achats étranges et magnifiques, ses deniers dès longtemps
90 amassés ; mais le vieil homme chargea sur le palefroi les riches
étoffes et revint auprès d'Iseut :

notes

1. **jaspe :** pierre ornementale proche du quartz.

2. **gris :** fourrure d'écureuil.

3. **chainse :** chemise de lin blanc portée sous les vêtements.

4. **palefroi :** cheval de marche (par opposition au destrier, cheval de bataille).

5. **harnaché :** muni d'un harnais.

6. **amble :** allure de marche des chevaux destinés aux femmes. L'animal lève les pattes de gauche simultanément, puis reproduit le mouvement avec les pattes de droite. Allure réputée plus confortable pour les femmes, qui ne montaient pas à califourchon comme les hommes, mais se trouvaient assises, les deux jambes du même côté, sur une sorte de bat muni d'un coussin (la selle d'amazone sera inventée des siècles plus tard…).

« Reine, vos vêtements tombent en lambeaux; acceptez ces présents, afin que vous soyez plus belle le jour où vous irez au Gué Aventureux; je crains qu'ils ne vous déplaisent: je ne suis pas expert à choisir de tels atours[1]. »

Pourtant, le roi faisait crier par la Cornouailles la nouvelle qu'à trois jours de là, au Gué Aventureux, il ferait accord avec la reine. Dames et chevaliers se rendirent en foule à cette assemblée; tous désiraient revoir la reine Iseut, tous l'aimaient, sauf les trois félons qui survivaient encore.

Mais, de ces trois, l'un mourra par l'épée, l'autre périra transpercé par une flèche, l'autre noyé; et, quant au forestier, Perinis, le Franc, le Blond, l'assommera à coups de bâton, dans le bois. Ainsi Dieu, qui hait toute démesure, vengera les amants de leurs ennemis.

Au jour marqué pour l'assemblée, au Gué Aventureux, la prairie brillait au loin, toute tendue et parée des riches tentes des barons. Dans la forêt, Tristan chevauchait avec Iseut, et, par crainte d'une embûche, il avait revêtu son haubert sous ses haillons. Soudain, tous deux apparurent au seuil de la forêt et virent au loin, parmi les barons, le roi Marc.

« Amie, dit Tristan, voici le roi votre seigneur, ses chevaliers et ses soudoyers; ils viennent vers nous; dans un instant nous ne pourrons plus nous parler. Par le Dieu puissant et glorieux, je vous conjure: si jamais je vous adresse un message, faites ce que je vous manderai!

— Ami Tristan, dès que j'aurai revu l'anneau de jaspe vert, ni tour, ni mur, ni fort château ne m'empêcheront de faire la volonté de mon ami.

note
_____

| **1. atours:** éléments
| de la parure féminine.

120 — Iseut, Dieu t'en sache gré!»

Leurs deux chevaux marchaient côte à côte : il l'attira vers lui et la pressa entre ses bras.

«Ami, dit Iseut, entends ma dernière prière : tu vas quitter ce pays ; attends du moins quelques jours ; cache-toi, tant que tu
125 saches comment me traite le roi, dans sa colère ou sa bonté !… Je suis seule : qui me défendra des félons ? J'ai peur ! Le forestier Orri t'hébergera secrètement ; glisse-toi la nuit jusqu'au cellier[1] ruiné : j'y enverrai Perinis pour te dire si nul me maltraite.

— Amie, nul n'osera. Je resterai caché chez Orri : quiconque te
130 fera outrage, qu'il se garde de moi comme de l'Ennemi!»

Les deux troupes s'étaient assez rapprochées pour échanger leurs saluts. À une portée d'arc en avant des siens, le roi chevauchait hardiment ; avec lui, Dinas de Lidan.

Quand les barons l'eurent rejoint, Tristan, tenant par les rênes le
135 palefroi d'Iseut, salua le roi et dit :

«Roi, je te rends Iseut la Blonde. Devant les hommes de ta terre, je te requiers de m'admettre à me défendre en ta cour. Jamais je n'ai été jugé. Fais que je me justifie par bataille : vaincu, brûle-moi dans le soufre ; vainqueur, retiens-moi près de toi ; ou,
140 si tu ne veux pas me retenir, je m'en irai vers un pays lointain.»

Nul n'accepta le défi de Tristan. Alors, Marc prit à son tour le palefroi d'Iseut par les rênes, et, la confiant à Dinas, se mit à l'écart pour prendre conseil.

Joyeux, Dinas fit à la reine maint honneur et mainte courtoisie.
145 Il lui ôta sa chape d'écarlate somptueuse, et son corps apparut gracieux sous la tunique fine et le grand bliaut de soie. Et la reine sourit au souvenir du vieil ermite, qui n'avait pas épargné ses

note

| **1. cellier:** lieu servant à conserver le vin.

deniers. Sa robe est riche, ses membres délicats, ses yeux vairs[1], ses cheveux clairs comme des rayons de soleil.

150 Quand les félons la virent belle et honorée comme jadis, irrités, ils chevauchèrent vers le roi. À ce moment, un baron, André de Nicole, s'efforçait de le persuader:

«Sire, disait-il, retiens Tristan près de toi; tu seras, grâce à lui, un roi plus redouté.»

155 Et, peu à peu, il assouplissait le cœur de Marc. Mais les félons vinrent à l'encontre et dirent:

«Roi, écoute le conseil que nous te donnons en loyauté. On a médit[2] de la reine; à tort, nous te l'accordons; mais si Tristan et elle rentrent ensemble à ta cour, on en parlera de nouveau.
160 Laisse plutôt Tristan s'éloigner quelque temps; un jour, sans doute, tu le rappelleras.»

Marc fit ainsi: il fit mander à Tristan par ses barons de s'éloigner sans délai. Alors, Tristan vint vers la reine et lui dit adieu. Ils se regardèrent. La reine eut honte à cause de l'assemblée et rougit.

165 Mais le roi fut ému de pitié, et parlant à son neveu pour la première fois:

«Où iras-tu, sous ces haillons? Prends dans mon trésor ce que tu voudras, or, argent, vair et gris.

— Roi, dit Tristan, je n'y prendrai ni un denier, ni une maille.
170 Comme je pourrai, j'irai servir à grand'joie le riche roi de Frise.»

Il tourna bride et descendit vers la mer. Iseut le suivit du regard, et, si longtemps qu'elle put l'apercevoir au loin, ne se détourna point.

À la nouvelle de l'accord, grands et petits, hommes, femmes et 175 enfants, accoururent en foule hors de la ville à la rencontre

---

notes

1. vairs: couleur bleu-marron.

2. médit: parlé en mal.

d'Iseut ; et, menant grand deuil de l'exil de Tristan, ils faisaient
fête à leur reine retrouvée. Au bruit des cloches, par les rues
bien jonchées, encourtinées[1] de soie, le roi, les comtes et les
princes lui firent cortège ; les portes du palais s'ouvrirent à tous
180 venants ; riches et pauvres purent s'asseoir et manger, et, pour
célébrer ce jour, Marc, ayant affranchi cent de ses serfs, donna
l'épée et le haubert[2] à vingt bacheliers[3] qu'il arma de sa main.

Cependant, la nuit venue, Tristan, comme il l'avait promis à la
reine, se glissa chez le forestier Orri, qui l'hébergea secrètement
185 dans le cellier ruiné. Que les félons se gardent !

---

notes

1. **encourtinées**: cou-
vertes de tentures.
2. **donna l'épée
et le haubert** : fit chevalier.

3. **bachelier**: jeune homme
qui est au service d'un autre
pour se familiariser avec
le métier des armes

et qui aspire au titre
de chevalier.

Chapitre XII

LE JUGEMENT PAR LE FER ROUGE

Bientôt, Denoalen, Andret et Gondoïne se crurent en sûreté : sans doute, Tristan traînait sa vie outre la mer, en pays trop lointoin' pour les atteindre. Donc, un jour de chasse, comme le roi, écoutant les abois de sa meute, retenait son cheval au milieu d'un essart[1], tous trois chevauchèrent vers lui :

«Roi, entends notre parole. Tu avais condamné la reine sans jugement, et c'était forfaire. Aujourd'hui tu l'absous[2] sans jugement : n'est-ce pas forfaire encore ? Jamais elle ne s'est justifiée, et les barons de ton pays vous en blâment tous deux. Conseille-lui

notes

1. **essart :** terre défrichée ou déboisée.
2. **absous :** pardonnes.

10 plutôt de réclamer elle-même le jugement de Dieu[1]. Que lui en coûtera-t-il, innocente, de jurer sur les ossements des saints qu'elle n'a jamais failli ? Innocente, de saisir un fer rougi au feu ? Ainsi le veut la coutume, et par cette facile épreuve seront à jamais dissipés les soupçons anciens. »

15 Marc, irrité, répondit :

« Que Dieu vous détruise, seigneurs cornouaillais, vous qui sans répit cherchez ma honte ! Pour vous j'ai chassé mon neveu : qu'exigez-vous encore ? Que je chasse la reine en Irlande ? Quels sont vos griefs nouveaux ? Contre les anciens griefs, Tristan ne 20 s'est-il pas offert à la défendre ? Pour la justifier, il vous a présenté la bataille et vous l'entendiez tous : que n'avez-vous pris contre lui vos écus et vos lances ? Seigneurs, vous m'avez requis outre le droit ; craignez donc que l'homme pour vous chassé, je ne le rappelle ici ! »

25 Alors les couards tremblèrent ; ils crurent voir Tristan revenu, qui saignait à blanc leurs corps.

« Sire, nous vous donnions loyal conseil, pour votre honneur, comme il sied à vos féaux ; mais nous nous tairons désormais. Oubliez votre courroux, rendez-nous votre paix ! »

30 Mais Marc se dressa sur ses arçons :

« Hors de ma terre, félons ! Vous n'aurez plus ma paix. Pour vous j'ai chassé Tristan ; à votre tour, hors de ma terre !

---

note ....

1. jugement de Dieu : mode de justice très ancien dont le but est de faire surmonter diverses épreuves à un accusé afin de démontrer son innocence ou sa culpabilité. Cette justice s'appuie sur la croyance que Dieu ne peut laisser un innocent mourir ou, au contraire, un criminel triompher.

Au Moyen Âge, différentes épreuves permettent d'acquitter ou d'incriminer un individu. Notamment, le jugement par le fer rouge consiste à faire tenir une barre de fer rougi à l'accusé. Quelques jours plus tard, on vérifie l'évolution de la plaie. Si la guérison est rapide, celui-ci est innocenté.

Dans le cas contraire, il est déclaré coupable.

Le jugement de Dieu peut aussi prendre la forme d'un duel judiciaire où le vainqueur du combat est disculpé puisqu'on le croit soutenu par Dieu.

Tristan et Iseut dans une scène de l'opéra de Wagner, présenté à San Francisco en 1980.

— Soit, beau sire! Nos châteaux sont forts, bien clos de pieux, sur des rocs rudes à gravir!»

35   Et, sans le saluer, ils tournèrent bride.

Sans attendre limiers ni veneurs, Marc poussa son cheval vers Tintagel, monta les degrés de la salle, et la reine entendit son pas pressé retentir sur les dalles.

Elle se leva, vint à sa rencontre, lui prit son épée, comme elle
40   avait coutume, et s'inclina jusqu'à ses pieds. Marc la retint par les mains et la relevait, quand Iseut, haussant vers lui son regard, vit ses nobles traits tourmentés par la colère: tel il lui était apparu jadis, forcené[1], devant le bûcher.

«Ah! pensa-t-elle, mon ami est découvert, le roi l'a pris!»
45   Son cœur se refroidit dans sa poitrine, et sans une parole, elle s'abattit aux pieds du roi. Il la prit dans ses bras et la baisa doucement; peu à peu, elle se ranimait:

«Amie, amie, quel est votre tourment?

— Sire, j'ai peur; je vous ai vu si courroucé!

50   — Oui, je revenais irrité de cette chasse.

— Ah! seigneur, si vos veneurs vous ont marri, vous sied-il de prendre tant à cœur les fâcheries de chasse?»

Marc sourit de ce propos:

«Non, amie, mes veneurs ne m'ont pas irrité, mais trois félons,
55   qui dès longtemps nous haïssent. Tu les connais: Andret, Denoalen et Gondoïne. Je les ai chassés de ma terre.

— Sire, quel mal ont-ils osé dire de moi?

— Que t'importe? Je les ai chassés.

— Sire, chacun a le droit de dire sa pensée. Mais j'ai le droit de
60   connaître le blâme jeté sur moi. Et de qui l'apprendrais-je, sinon

note

ı **1. forcené:** fou de colère.

de vous? Seule en ce pays étranger, je n'ai personne, hormis vous, sire, pour me défendre.

— Soit. Ils prétendaient donc qu'il te convient de te justifier par le serment et par l'épreuve du fer rouge. «La reine, disaient-ils, ne devrait-elle pas requérir elle-même ce jugement? Ces épreuves sont légères à qui se sait innocent. Que lui en coûterait-il?... Dieu est vrai juge; il dissiperait à jamais les griefs[1] anciens...» Voilà ce qu'ils prétendaient. Mais laissons ces choses. Je les ai chassés, te dis-je.»

Iseut frémit; elle regarda le roi:

«Sire, mandez-leur de revenir à votre cour. Je me justifierai par serment.

— Quand?

— Au dixième jour.

— Ce terme est bien proche, amie!

— Il n'est que trop lointain. Mais je requiers que d'ici là vous mandiez au roi Artur de chevaucher avec Monseigneur Gauvain, avec Girflet, Ké le sénéchal et cent de ses chevaliers jusqu'à la marche de votre terre, à la Blanche-Lande, sur la rive du fleuve qui sépare vos royaumes. C'est là, devant eux, que je veux faire le serment, et non devant vos seuls barons: car, à peine aurais-je juré, vos barons vous requerront encore de m'imposer une nouvelle épreuve, et jamais nos tourments ne finiraient. Mais ils n'oseront plus, si Artur et ses chevaliers sont les garants du jugement[2].»

Tandis que se hâtaient vers Carduel les hérauts d'armes, messagers de Marc auprès du roi Artur, secrètement Iseut envoya vers Tristan son valet, Perinis le Blond, le Fidèle.

notes ····················

1. **griefs:** accusations.
2. Encore une fois, le nom d'Arthur est synonyme d'intégrité, de vérité.

153

Perinis courut sous les bois, évitant les sentiers frayés, tant qu'il atteignit la cabane d'Orri le forestier, où, depuis de longs jours, Tristan l'attendait. Perinis lui rapporta les choses advenues, la nouvelle félonie, le terme du jugement, l'heure et le lieu marqués :

« Sire, ma dame vous mande qu'au jour fixé, sous une robe de pèlerin, si habilement déguisé que nul ne puisse vous reconnaître, sans armes, vous soyez à la Blanche-Lande : il lui faut, pour atteindre le lieu du jugement, passer le fleuve en barque ; sur la rive opposée, là où seront les chevaliers du roi Artur, vous l'attendrez. Sans doute, alors, vous pourrez lui porter aide. Ma dame redoute le jour du jugement : pourtant elle se fie en la courtoisie de Dieu, qui déjà sut l'arracher aux mains des lépreux.

– Retourne vers la reine, beau doux ami Perinis : dis-lui que je ferai sa volonté. »

Or, seigneurs, quand Perinis s'en retourna vers Tintagel, il advint qu'il aperçut dans un fourré le même forestier qui, naguère, ayant surpris les amants endormis, les avait dénoncés au roi. Un jour qu'il était ivre, il s'était vanté de sa traîtrise. L'homme, ayant creusé dans la terre un trou profond, le recouvrait habilement de branchages, pour y prendre loups et sangliers. Il vit s'élancer sur lui le valet de la reine et voulut fuir. Mais Perinis l'accula sur le bord du piège :

« Espion, qui as vendu la reine, pourquoi t'enfuir ? Reste là, près de ta tombe, que toi-même tu as pris le soin de creuser ! »

Son bâton tournoya dans l'air en bourdonnant. Le bâton et le crâne se brisèrent à la fois, et Perinis le Blond, le Fidèle, poussa du pied le corps dans la fosse couverte de branches.

15 Au jour marqué pour le jugement, le roi Marc, Iseut et les
barons de Cornouailles, ayant chevauché jusqu'à la Blanche-
Lande, parvinrent en bel arroi devant le fleuve, et, massés au
long de l'autre rive, les chevaliers d'Artur les saluèrent de leurs
bannières brillantes.

20 Devant eux, assis sur la berge, un pèlerin miséreux, enveloppé
dans sa chape, où pendaient des coquilles, tendait sa sébile[1] de
bois et demandait l'aumône d'une voix aiguë et dolente.

À force de rames, les barques de Cornouailles approchaient.
Quand elles furent près d'atterrir, Iseut demanda aux chevaliers
25 qui l'entouraient :

« Seigneurs, comment pourrais-je atteindre la terre ferme, sans
souiller mes longs vêtements dans cette fange[2] ? Il faudrait qu'un
passeur vînt m'aider. »

L'un des chevaliers héla le pèlerin.

30 « Ami, retrousse ta chape, descends dans l'eau et porte la reine,
si pourtant tu ne crains pas, cassé comme je te vois, de fléchir
à mi-route. »

L'homme prit la reine dans ses bras. Elle lui dit tout bas :
« Ami ! » Puis, tout bas encore : « Laisse-toi choir sur le sable. »

35 Parvenu au rivage, il trébucha et tomba, tenant la reine pressée
entre ses bras. Écuyers et mariniers, saisissant les rames et les
gaffes, pourchassaient le pauvre hère[3].

« Laissez-le, dit la reine ; sans doute un long pèlerinage
l'avait affaibli. »

40 Et, détachant un fermail d'or fin, elle le jeta au pèlerin.

Devant le pavillon d'Artur, un riche drap de soie de Nicée était
étendu sur l'herbe verte, et les reliques des saints, retirées des

notes ....

| **1. sébile :** coupe servant à demander l'aumône. | **2. fange :** eau boueuse. | **3. hère :** individu misérable. |

écrins et des châsses[1], y étaient déjà disposées. Monseigneur Gauvain, Girflet et Ké le sénéchal les gardaient.

145 La reine, ayant supplié Dieu, retira les joyaux de son cou et de ses mains et les donna aux pauvres mendiants; elle détacha son manteau de pourpre et sa guimpe[2] fine, et les donna; elle donna son chainse et son bliaut et ses chaussures enrichies de pierreries. Elle garda seulement sur son corps une tunique sans manches,
150 et, les bras et les pieds nus, s'avança devant les deux rois. À l'entour, les barons la contemplaient en silence, et pleuraient. Près des reliques brûlait un brasier. Tremblante, elle étendit la main droite vers les ossements des saints, et dit:

«Roi de Logres, et vous, roi de Cornouailles, et vous, sire
155 Gauvain, sire Ké, sire Girflet, et vous tous qui serez mes garants, par ces corps saints et par tous les corps saints qui sont en ce monde, je jure que jamais un homme né de femme ne m'a tenue entre ses bras, hormis le roi Marc, mon seigneur, et le pauvre pèlerin qui, tout à l'heure, s'est laissé choir à vos yeux. Roi Marc,
160 ce serment convient-il?

– Oui, reine, et que Dieu manifeste son vrai jugement!

– Amen!» dit Iseut.

Elle s'approcha du brasier, pâle et chancelante. Tous se taisaient; le fer était rouge. Alors, elle plongea ses bras nus dans la braise,
165 saisit la barre de fer, marcha neuf pas en la portant, puis, l'ayant rejetée, étendit ses bras en croix, les paumes ouvertes. Et chacun vit que sa chair était plus saine que prune de prunier.

Alors de toutes les poitrines un grand cri de louange monta vers Dieu.

---

notes

1. châsses: reliquaire qui contient le corps ou des parties du corps d'un saint.

2. guimpe: pièce vestimentaire ornementée de dentelle ou de broderie, portée autour du cou.

Chapitre XIII

LA VOIX DU ROSSIGNOL

Quand Tristan, rentré dans la cabane du forestier Orri, eut rejeté son bourdon[1] et dépouillé sa chape de pèlerin, il connut clairement en son cœur que le jour était venu pour tenir la foi jurée au roi Marc et de s'éloigner du pays de Cornouailles.

Que tardait-il encore? La reine s'était justifiée, le roi la chérissait, il l'honorait. Artur au besoin la prendrait en sa sauvegarde, et, désormais, nulle félonie ne prévaudrait contre elle. Pourquoi plus longtemps rôder aux alentours de Tintagel? Il risquait vainement sa vie, et la vie du forestier, et le repos d'Iseut. Certes, il fallait partir, et c'est pour la dernière fois, sous sa robe de pèlerin, à la Blanche-Lande, qu'il avait senti le beau corps d'Iseut frémir entre ses bras.

note

1. bourdon : bâton de pèlerin.

Trois jours encore il tarda, ne pouvant se déprendre du pays où vivait la reine. Mais, quand vint le quatrième jour, il prit congé
15 du forestier qui l'avait hébergé et dit à Gorvenal :

« Beau maître, voici l'heure du long départ : nous irons vers la terre de Galles. »

Ils se mirent à la voie, tristement, dans la nuit. Mais leur route longeait le verger enclos de pieux où Tristan, jadis, attendait son
20 amie. La nuit brillait, limpide. Au détour du chemin, non loin de la palissade, il vit se dresser dans la clarté du ciel le tronc robuste du grand pin.

« Beau maître, attends sous le bois prochain ; bientôt je serai revenu.

25 – Où vas-tu ? Fou, veux-tu sans répit chercher la mort ? »

Mais déjà, d'un bond assuré, Tristan avait franchi la palissade de pieux. Il vint sous le grand pin, près du perron de marbre clair. Que servirait maintenant de jeter à la fontaine des copeaux bien taillés ? Iseut ne viendrait plus ! À pas souples et prudents, par le
30 sentier qu'autrefois suivait la reine, il osa s'approcher du château.

Dans sa chambre, entre les bras de Marc endormi, Iseut veillait. Soudain, par la croisée[1] entr'ouverte, où se jouaient les rayons de la lune, entra la voix d'un rossignol.

Iseut écoutait la voix sonore qui venait enchanter la nuit, et la
35 voix s'élevait plaintive et telle qu'il n'est pas de cœur cruel, pas de cœur de meurtrier, qu'elle n'eût attendri. La reine songea : « D'où vient cette mélodie ?... » Soudain elle comprit : « Ah ! c'est Tristan ! Ainsi dans la forêt du Morois il imitait pour me charmer les oiseaux chanteurs. Il part, et voici son dernier adieu. Comme
40 il se plaint ! Tel le rossignol quand il prend congé, en fin d'été, à grande tristesse. Ami, jamais plus je n'entendrai ta voix ! »

note ....

| **1. croisée :** châssis servant
à fermer une fenêtre.

La mélodie vibra plus ardente.

«Ah! qu'exiges-tu? Que je vienne? Non! Souviens-toi d'Ogrin l'ermite, et des serments jurés. Tais-toi, la mort nous guette… Qu'importe la mort? Tu m'appelles, tu me veux, je viens!»

Elle se délaça des bras du roi et jeta un manteau fourré de gris sur son corps presque nu. Il lui fallait traverser la salle voisine, où chaque nuit dix chevaliers veillaient à tour de rôle: tandis que cinq dormaient, les cinq autres, en armes, debout devant les huis[1] et les croisées, guettaient au dehors. Mais, par aventure, ils s'étaient tous endormis, cinq sur des lits, cinq sur les dalles. Iseut franchit leurs corps épars, souleva la barre de la porte: l'anneau sonna, mais sans éveiller aucun des guetteurs. Elle franchit le seuil. Et le chanteur se tut.

Sous les arbres, sans une parole, il la pressa contre sa poitrine; leurs bras se nouèrent fermement autour de leurs corps, et jusqu'à l'aube, comme cousus par des lacs[2], ils ne se déprirent pas de l'étreinte. Malgré le roi et les guetteurs, les amants mènent leur joie et leurs amours.

Cette nuitée affola les amants; et les jours qui suivirent, comme le roi avait quitté Tintagel pour tenir ses plaids à Saint-Lubin, Tristan, revenu chez Orri, osa chaque matin, au clair de lune, se glisser par le verger jusqu'aux chambres des femmes.

Un serf le surprit et s'en fut trouver Andret, Denoalen et Gondoïne:

«Seigneurs, la bête que vous croyez délogée est revenue au repaire.

– Qui?

– Tristan.

– Quand l'as-tu vu?

notes ···

| 1. **huis**: portes. | 2. **lacs**: liens, nœuds coulants. |

— Ce matin, et je l'ai bien reconnu. Et vous pourrez pareillement, demain, à l'aurore, le voir venir, l'épée ceinte, un arc dans une main, deux flèches dans l'autre.

— Où le verrons-nous ?

75 — Par telle fenêtre que je sais. Mais, si je vous le montre, combien me donnerez-vous ?

— Trente marcs d'argent, et tu seras un manant[1] riche.

— Donc, écoutez, dit le serf. On peut voir dans la chambre de la reine par une fenêtre étroite qui la domine, car elle est percée
80 très haut dans la muraille. Mais une grande courtine tendue à travers la chambre masque le pertuis[2]. Que demain l'un de vous trois pénètre bellement dans le verger ; il coupera une longue branche d'épine et l'aiguisera par le bout ; qu'il se hisse alors jusqu'à la haute fenêtre et pique la branche, comme une broche,
85 dans l'étoffe de la courtine ; il pourra ainsi l'écarter légèrement, et vous ferez brûler mon corps, seigneurs, si, derrière la tenture, vous ne voyez pas alors ce que je vous ai dit. »

Andret, Gondoïne et Denoalen débattirent lequel d'entre eux aurait le premier la joie de ce spectacle, et convinrent enfin de
90 l'octroyer d'abord à Gondoïne. Ils se séparèrent : le lendemain, à l'aube, ils se retrouveraient. Demain, à l'aube, beaux seigneurs, gardez-vous de Tristan !

Le lendemain, dans la nuit encore obscure, Tristan, quittant la cabane d'Orri le forestier, rampa vers le château sous les épais
95 fourrés d'épines. Comme il sortait d'un hallier[3], il regarda par la clairière et vit Gondoïne qui s'en venait de son manoir. Tristan se rejeta dans les épines et se tapit en embuscade :

« Ah ! Dieu ! fais que celui qui s'avance là-bas ne m'aperçoive pas avant l'instant favorable ! »

notes

| **1. manant**: paysan. | **2. pertuis**: passage étroit. | **3. hallier**: buisson dense.

L'épée au poing, il l'attendait ; mais, par aventure, Gondoïne prit une autre voie et s'éloigna. Tristan sortit du hallier, déçu, banda son arc, visa ; hélas ! l'homme était déjà hors de portée.

À cet instant, voici venir au loin, descendant doucement le sentier, à l'amble d'un petit palefroi noir, Denoalen, suivi de deux grands lévriers. Tristan le guetta, caché derrière un pommier. Il le vit qui excitait ses chiens à lever un sanglier dans un taillis. Mais, avant que les lévriers l'aient délogé de sa bauge[1], leur maître aura reçu telle blessure que nul médecin ne saura le guérir. Quand Denoalen fut près de lui, Tristan rejeta sa chape, bondit, se dressa devant son ennemi. Le traître voulut fuir ; vainement : il n'eut pas le loisir de crier : « Tu me blesses ! » Il tomba de cheval. Tristan lui coupa la tête, trancha les tresses qui pendaient autour de son visage et les mit dans sa chausse : il voulait les montrer à Iseut pour en réjouir le cœur de son amie. « Hélas ! songeait-il, qu'est devenu Gondoïne ? Il s'est échappé : que n'ai-je pu lui payer même salaire ! »

Il essuya son épée, la remit en sa gaine, traîna sur le cadavre un tronc d'arbre, et, laissant le corps sanglant, il s'en fut, le chaperon[2] en tête, vers son amie.

Au château de Tintagel, Gondoïne l'avait devancé : déjà, grimpé sur la haute fenêtre, il avait piqué sa baguette d'épine dans la courtine, écarté légèrement deux pans de l'étoffe, et regardait au travers la chambre bien jonchée. D'abord, il n'y vit personne que Perinis ; puis, ce fut Brangien, qui tenait encore le peigne dont elle venait de peigner la reine aux cheveux d'or.

Mais Iseut entra, puis Tristan. Il portait d'une main son arc d'aubier[3] et deux flèches ; dans l'autre, il tenait deux longues tresses d'homme.

---

notes

1. **bauge** : abri, tanière.
2. **chaperon** : capuchon.

3. **aubier** : partie tendre et blanchâtre de l'arbre se trouvant sous l'écorce.

Il laissa tomber sa chape, et son beau corps apparut. Iseut la Blonde s'inclina pour le saluer, et comme elle se redressait, levant
130 la tête vers lui, elle vit, projetée sur la tenture, l'ombre de la tête de Gondoïne. Tristan lui disait :

« Vois-tu ces belles tresses ? Ce sont celles de Denoalen. Je t'ai vengée de lui. Jamais plus il n'achètera ni ne vendra écu ni lance !

— C'est bien, seigneur ; mais tendez cet arc, je vous prie ; je
135 voudrais voir s'il est commode à bander. »

Tristan le tendit, étonné, comprenant à demi. Iseut prit l'une des deux flèches, l'encocha, regarda si la corde était bonne, et dit, à voix basse et rapide :

« Je vois chose qui me déplaît. Vise bien, Tristan ! »
140 Il prit la pose, leva la tête et vit, tout au haut de la courtine, l'ombre de la tête de Gondoïne. « Que Dieu, fait-il, dirige cette flèche ! » Il dit, se retourne vers la paroi, tire. La longue flèche siffle dans l'air, émerillon[1] ni hirondelle ne vole si vite, crève l'œil du traître, traverse sa cervelle comme la chair d'une pomme, et
145 s'arrête, vibrante, contre le crâne. Sans un cri, Gondoïne s'abattit et tomba sur un pieu.

Alors Iseut dit à Tristan :

« Fuis maintenant, ami ! Tu le vois, les félons connaissent ton refuge ! Andret survit, il l'enseignera au roi ; il n'est plus de sûreté
150 pour toi dans la cabane du forestier ! Fuis, ami ! Perinis le Fidèle cachera ce corps dans la forêt, si bien que le roi n'en saura jamais nulles nouvelles. Mais toi, fuis de ce pays, pour ton salut, pour le mien ! »

Tristan dit :
155 « Comment pourrais-je vivre ?

---

note ....

| **1. émerillon :** petit faucon.

162

– Oui, ami Tristan, nos vies sont enlacées et tissées l'une à l'autre. Et moi, comment pourrais-je vivre ? Mon corps reste ici, tu as mon cœur.

– Iseut, amie, je pars, je ne sais pour quel pays. Mais, si jamais tu revois l'anneau de jaspe vert, feras-tu ce que je te manderai par lui ?

– Oui, tu le sais : si je revois l'anneau de jaspe vert, ni tour, ni fort château, ni défense royale ne m'empêcheront de faire la volonté de mon ami, que ce soit folie ou sagesse !

– Amie, que le Dieu né en Bethléem t'en sache gré !

– Ami, que Dieu te garde ! »

Chapitre XIV

LE GRELOT MERVEILLEUX

Tristan se réfugia en Galles, sur la terre du noble duc Gilain. Le duc était jeune, puissant, débonnaire ; il l'accueillit comme un hôte bienvenu. Pour lui faire honneur et joie, il n'épargna nulle peine ; mais ni les aventures ni les fêtes ne purent apaiser l'angoisse de Tristan.

Un jour qu'il était assis aux côtés du jeune duc, son cœur était si douloureux qu'il soupirait sans même s'en apercevoir. Le duc, pour adoucir sa peine, commanda d'apporter dans sa chambre privée son jeu favori, qui, par sortilège, aux heures tristes, charmait ses yeux et son cœur. Sur une table recouverte d'une pourpre noble et riche, on plaça son chien Petit-Crû. C'était un chien enchanté : il venait au duc de l'île d'Avallon[1] ; une fée le lui avait envoyé comme un présent d'amour. Nul ne saurait par

note

1. Avallon : île merveilleuse du folklore celtique où résident les fées (Morgane et Viviane notamment) et l'enchanteur Merlin. La légende dit que le roi Arthur y fut transporté après avoir été blessé mortellement par son fils Mordred et qu'il en reviendra un jour.

des paroles assez habiles décrire sa nature et sa beauté. Son poil
15 était coloré de nuances si merveilleusement disposées que l'on
ne savait nommer sa couleur ; son encolure semblait d'abord
plus blanche que neige, sa croupe plus verte que feuille de trèfle,
l'un de ses flancs rouge comme l'écarlate, l'autre jaune comme
le safran, son ventre bleu comme le lapis-lazuli[1], son dos rosé ;
20 mais, quand on le regardait plus longtemps, toutes ces couleurs
dansaient aux yeux et muaient, tour à tour blanches et vertes,
jaunes, bleues, pourprées, sombres ou fraîches. Il portait au cou,
suspendu à une chaînette d'or, un grelot au tintement si gai, si
clair, si doux, qu'à l'ouïr, le cœur de Tristan s'attendrit, s'apaisa,
25 et que sa peine se fondit. Il ne lui souvint plus de tant de mi-
sères endurées pour la reine ; car telle était la merveilleuse vertu
du grelot : le cœur, à l'entendre sonner, si doux, si gai, si clair,
oubliait toute peine. Et tandis que Tristan, ému par le sortilège,
caressait la petite bête enchantée qui lui prenait tout son
30 chagrin et dont la robe, au toucher de sa main, semblait plus
douce qu'une étoffe de samit[2], il songeait que ce serait là un
beau présent pour Iseut. Mais que faire ? le duc Gilain aimait
Petit-Crû par-dessus toute chose, et nul n'aurait pu l'obtenir de
lui, ni par ruse, ni par prière.

35 Un jour, Tristan dit au duc :

«Sire, que donneriez-vous à qui délivrerait votre terre du géant
Urgan le Velu, qui réclame de vous de si lourds tributs ?

– En vérité, je donnerais à choisir à son vainqueur, parmi mes
richesses, celle qu'il tiendrait pour la plus précieuse ; mais nul
40 n'osera s'attaquer au géant.

– Voilà merveilleuses paroles, reprit Tristan. Mais le bien
ne vient jamais dans un pays que par les aventures, et, pour

notes ....

1. lapis-lazuli : pierre
ornementale de cou-
leur bleue.

2. samit : satin.

165

tout l'or de Pavie[1], je ne renoncerais pas à mon désir de combattre le géant.

45 — Alors, dit le duc Gilain, que le Dieu né d'une Vierge vous accompagne et vous défende de la mort!»

Tristan atteignit Urgan le Velu dans son repaire. Longtemps ils combattirent furieusement. Enfin la prouesse triompha de la force, l'épée agile de la lourde massue, et Tristan, ayant tranché le

50 poing droit du géant, le rapporta au duc :

«Sire, en récompense, ainsi que vous l'avez promis, donnez-moi Petit-Crû, votre chien enchanté!

— Ami, qu'as-tu demandé? Laisse-le-moi et prends plutôt ma sœur et la moitié de ma terre.

55 — Sire, votre sœur est belle, et belle est votre terre; mais c'est pour gagner votre chien-fée que j'ai attaqué Urgan le Velu. Souvenez-vous de votre promesse!

— Prends-le donc; mais sache que tu m'as enlevé la joie de mes yeux et la gaieté de mon cœur!

60 Tristan confia le chien à un jongleur de Galles, sage et rusé, qui le porta de sa part en Cornouailles. Le jongleur parvint à Tintagel et le remit secrètement à Brangien. La reine s'en réjouit grandement, donna en récompense dix marcs d'or au jongleur et dit au roi que la reine d'Irlande, sa mère, envoyait ce cher présent. Elle

65 fit ouvrir pour le chien, par un orfèvre[2], une niche précieusement incrustée d'or et de pierreries et, partout où elle allait, le portait avec elle en souvenir de son ami. Et, chaque fois qu'elle le regardait, tristesse, angoisse, regrets s'effaçaient de son cœur.

Elle ne comprit pas d'abord la merveille; si elle trouvait une telle

70 douceur à le contempler, c'était, pensait-elle, parce qu'il lui venait

notes ⌐⌐⌐

| **1. Pavie**: ville italienne reconnue pour sa richesse. | **2. orfèvre**: artisan qui travaille les métaux précieux. |

de Tristan ; c'était, sans doute, la pensée de son ami qui endormait ainsi sa peine. Mais un jour elle connut que c'était un sortilège, et que seul le tintement du grelot charmait son cœur.

«Ah ! pensa-t-elle, convient-il que je connaisse le réconfort, tandis que Tristan est malheureux ? Il aurait pu garder ce chien enchanté et oublier ainsi toute douleur ; par belle courtoisie, il a mieux aimé me l'envoyer, me donner sa joie et reprendre sa misère. Mais il ne sied pas qu'il en soit ainsi ; Tristan, je veux souffrir aussi longtemps que tu souffriras.»

Elle prit le grelot magique, le fit tinter une dernière fois, le détacha doucement ; puis, par la fenêtre ouverte, elle le lança dans la mer.

Chapitre XV

ISEUT AUX BLANCHES MAINS

Les amants ne pouvaient ni vivre ni mourir l'un sans l'autre. Séparés, ce n'était pas la vie, ni la mort, mais la vie et la mort à la fois.

Par les mers, les îles et les pays, Tristan voulut fuir sa misère. Il revit son pays de Loonnois, où Rohalt le Foi-Tenant reçut son fils avec des larmes de tendresse ; mais, ne pouvant supporter de vivre dans le repos de sa terre, Tristan s'en fut par les duchés et les royaumes, cherchant les aventures. Du Loonnois en Frise, de Frise en Gavoie, d'Allemagne en Espagne, il servit maints seigneurs, acheva maintes emprises. Hélas ! pendant deux années, nulle nouvelle ne lui vint de la Cornouailles, nul ami, nul message.

Alors il crut qu'Iseut s'était déprise de lui et qu'elle l'oubliait.

Or, il advint qu'un jour, chevauchant avec le seul Gorvenal, il entra sur la terre de Bretagne. Ils traversèrent une plaine dévastée :

15 partout des murs ruinés, des villages sans habitants, des champs
essartés[1] par le feu, et leurs chevaux foulaient des cendres et des
charbons. Sur la lande déserte, Tristan songea :

«Je suis las et recru[2]. De quoi me servent ces aventures ? Ma
dame est au loin, jamais je ne la reverrai. Depuis deux années, que
20 ne m'a-t-elle fait quérir par les pays ? Pas un message d'elle. À
Tintagel, le roi l'honore et la sert ; elle vit en joie. Certes, le grelot du chien enchanté accomplit bien son œuvre ! Elle m'oublie,
et peu lui chaut[3] des deuils et des joies d'antan, peu lui chaut du
chétif qui erre par ce pays désolé. À mon tour, n'oublierai-je
25 jamais celle qui m'oublie ? Jamais ne trouverai-je qui guérisse
ma misère ?»

Pendant deux jours, Tristan et Gorvenal passèrent les champs
et les bourgs sans voir un homme, un coq, un chien. Au
troisième jour, à l'heure de none, ils approchèrent d'une colline
30 où se dressait une vieille chapelle, et, tout près, l'habitacle d'un
ermite. L'ermite ne portait point de vêtements tissés, mais une
peau de chèvre avec des haillons de laine sur l'échine[4].
Prosterné sur le sol, les genoux et les coudes nus, il priait Marie-
Madeleine de lui inspirer des prières salutaires. Il souhaita la
35 bienvenue aux arrivants, et tandis que Gorvenal établissait les
chevaux, il désarma Tristan, puis disposa le manger. Il ne leur
donna point de mets délicats, mais de l'eau de source et du pain
d'orge pétri avec de la cendre. Après le repas, comme la nuit
était tombée et qu'ils étaient assis autour du feu, Tristan
40 demanda quelle était cette terre ruinée.

«Beau seigneur, dit l'ermite, c'est la terre de Bretagne, que
tient le duc Hoël. C'était naguère un beau pays, riche en

notes

1. essartés : dont les brous-
sailles ont été arrachées
et brûlées.

2. recru : exténué.
3. peu lui chaut :
peu lui importe.

4. échine : dos.

prairies et en terres de labour : ici des moulins, là des pommiers, là des métairies[1]. Mais le comte Riol de Nantes y a fait le dégât ;
45 ses fourrageurs ont partout bouté le feu, et de partout enlevé les proies. Ses hommes en sont riches pour longtemps : ainsi va la guerre.

— Frère, dit Tristan, pourquoi le comte Riol a-t-il ainsi honni votre seigneur Hoël ?

50 — Je vous dirai donc, seigneur, l'occasion de la guerre. Sachez que Riol était le vassal du duc Hoël. Or, le duc a une fille, belle entre les filles de hauts hommes, et le comte Riol voulait la prendre à femme. Mais son père refusa de la donner à un vassal, et le comte Riol a tenté de l'enlever par la force. Bien des
55 hommes sont morts pour cette querelle. »

Tristan demanda :

« Le duc Hoël peut-il encore soutenir sa guerre ?

— À grand'peine, seigneur. Pourtant, son dernier château, Carhaix, résiste encore, car les murailles en sont fortes, et fort est
60 le cœur du fils du duc Hoël, Kaherdin, le bon chevalier. Mais l'ennemi les presse et les affame : pourront-ils tenir longtemps ? »

Tristan demanda à quelle distance était le château de Carhaix.

« Sire, à deux milles seulement. »

Ils se séparèrent et dormirent. Au matin, après que l'ermite eut
65 chanté et qu'ils eurent partagé le pain d'orge et de cendre, Tristan prit congé du prud'homme et chevaucha vers Carhaix.

Quand il s'arrêta au pied des murailles closes, il vit une troupe d'hommes debout sur le chemin de ronde, et demanda le duc. Hoël se trouvait parmi ces hommes avec son fils Kaherdin. Il se
70 fit connaître et Tristan lui dit :

note ....

| **1. métairies :** domaines ruraux.

«Je suis Tristan, roi de Loonnois, et Marc, le roi de Cornouailles, est mon oncle. J'ai su, seigneur, que vos vassaux vous faisaient tort et je suis venu pour vous offrir mon service.

— Hélas! sire Tristan, passez votre voie et que Dieu vous récompense! Comment vous accueillir céans? Nous n'avons plus de vivres; point de blé, rien que des fèves et de l'orge pour subsister.

— Qu'importe? dit Tristan. J'ai vécu dans une forêt, pendant deux ans, d'herbes, de racines et de venaison, et sachez que je trouvais bonne cette vie. Commandez qu'on m'ouvre cette porte.»

Kaherdin dit alors:

«Recevez-le, mon père, puisqu'il est de tel courage, afin qu'il prenne sa part de nos biens et de nos maux.»

Ils l'accueillirent avec honneur. Kaherdin fit visiter à son hôte les fortes murailles et la tour maîtresse, bien flanquée de bretèches[1] palissadées où s'embusquaient les arbalétriers. Des créneaux[2], il lui fit voir dans la plaine, au loin, les tentes et les pavillons plantés par le comte Riol. Quand ils furent revenus au seuil du château, Kaherdin dit à Tristan:

«Or, bel ami, nous monterons à la salle où sont ma mère et ma sœur.»

Tous deux, se tenant par la main, entrèrent dans la chambre des femmes. La mère et la fille, assises sur une courtepointe, paraient d'orfroi un paile[3] d'Angleterre et chantaient une chanson de toile[4]: elles disaient comment Belle Doette, assise au vent sous l'épine blanche, attend et regrette Doon son ami, si lent à venir.

notes

1. bretèches: petites constructions à même le château-fort qui permettent aux archers ou aux arbalétriers de tirer sur l'envahisseur.

2. créneaux: ouvertures pratiquées au sommet d'une tour ou des remparts qui permettaient de voir venir l'ennemi et de l'attaquer en restant protégé.

3. paile: précieux tissu de soie.

4. chanson de toile: type de poème généralement chanté par les femmes en filant ou en cousant, qui raconte une courte aventure ou une histoire d'amour.

Tristan les salua et elles le saluèrent, puis les deux chevaliers s'assirent auprès d'elles. Kaherdin, montrant l'étole que brodait sa mère :

100 « Voyez, dit-il, bel ami Tristan, quelle ouvrière est ma dame : comme elle sait à merveille orner les étoles et les chasubles[1], pour en faire aumône aux moutiers pauvres ! et comme les mains de ma sœur font courir les fils d'or sur ce samit blanc ! Par foi, belle sœur, c'est à droit que vous avez nom Iseut aux
105 Blanches Mains ! »

Alors Tristan, connaissant qu'elle s'appelait Iseut, sourit et la regarda plus doucement.

Or, le comte Riol avait dressé son camp à trois milles de Carhaix, et, depuis bien des jours, les hommes du duc Hoël
110 n'osaient plus, pour l'assaillir, franchir les barres. Mais, dès le lendemain, Tristan, Kaherdin et douze jeunes chevaliers sortirent de Carhaix, les hauberts endossés, les heaumes lacés, et chevauchèrent sous des bois de sapins jusqu'aux approches des tentes ennemies ; puis, s'élançant de l'aguet[2], ils enlevèrent par force un charroi[3] du
115 comte Riol. À partir de ce jour, variant maintes fois ruses et prouesses, ils culbutaient ses tentes mal gardées, attaquaient ses convois, navraient[4] et tuaient ses hommes et jamais ils ne rentraient dans Carhaix sans y ramener quelque proie. Par là, Tristan et Kaherdin commencèrent à se porter foi et tendresse, tant qu'ils
120 se jurèrent amitié et compagnonnage. Jamais ils ne faussèrent cette parole, comme l'histoire vous l'apprendra.

notes

1. **les étoles et les chasubles :** vêtements portés par les prêtres pour dire la messe.

2. **aguet :** lieu choisi pour guetter (d'où l'expression « être aux aguets »).

3. **charroi :** chariot, charrette.

4. **navraient :** blessaient.

Or, tandis qu'ils revenaient de ces chevauchées, parlant de chevalerie et de courtoisie, souvent Kaherdin louait à son cher compagnon sa sœur Iseut aux Blanches Mains, la simple, la belle.

125 Un matin, comme l'aube venait de poindre, un guetteur descendit en hâte de sa tour et courut par les salles en criant :
« Seigneurs, vous avez trop dormi ! Levez-vous, Riol vient faire l'assaillie[1] ! »

Chevaliers et bourgeois s'armèrent et coururent aux murailles :
130 ils virent dans la plaine briller les heaumes, flotter les pennons[2] de cendal, et tout l'ost[3] de Riol qui s'avançait en bel arroi. Le duc Hoël et Kaherdin déployèrent aussitôt devant les portes les premières batailles de chevaliers. Arrivés à la portée d'un arc, ils brochèrent[4] les chevaux, lances baissées, et les flèches tombaient
135 sur eux comme pluie d'avril.

Mais Tristan s'armait à son tour avec ceux que le guetteur avait réveillés les derniers. Il lace ses chausses, passe le bliaut, les housseaux[5] étroits et les éperons d'or ; il endosse le haubert, fixe le heaume sur la ventaille[6] ; il monte, éperonne son cheval jusque
140 dans la plaine et paraît, l'écu dressé contre sa poitrine, en criant : « Carhaix ! » Il était temps : déjà les hommes d'Hoël reculaient vers les bailes[7]. Alors il fit beau voir la mêlée des chevaux abattus et des vassaux navrés, les coups portés par les jeunes chevaliers, et l'herbe qui, sous leurs pas, devenait sanglante. En avant de tous, Kaherdin
145 s'était fièrement arrêté, en voyant poindre contre lui un hardi baron, le frère du comte Riol. Tous deux se heurtèrent des

notes

1. assaillie : assaut.
2. pennons : drapeaux en forme de queue d'oiseau portés par le chevalier.
3. ost : armée.

4. brochèrent : donnèrent des coups d'éperon.
5. housseaux : bottes en cuir lacées à l'arrière.
6. ventaille : partie de la visière du casque par où le chevalier pouvait respirer.

7. bailes : espaces entre la tour et l'enceinte extérieure d'un château, où passe souvent un fossé rempli d'eau qui le fortifie.

lances baissées. Le Nantais brisa la sienne sans ébranler Kaherdin, qui, d'un coup plus sûr, écartela l'écu de l'adversaire et lui planta son fer bruni dans le côté jusqu'au gonfanon[1]. Soulevé de selle, le chevalier vide les arçons[2] et tombe.

Au cri que poussa son frère, le comte Riol s'élança contre Kaherdin, le frein abandonné. Mais Tristan lui barra le passage. Quand ils se heurtèrent, la lance de Tristan se rompit à son poing, et celle de Riol, rencontrant le poitrail du cheval ennemi, pénétra dans les chairs et l'étendit mort sur le pré. Tristan, aussitôt relevé, l'épée fourbie[3] à la main :

« Couard, dit-il, la male mort à qui laisse le maître pour navrer le cheval ! Tu ne sortiras pas vivant de ce pré !

— Je crois que vous mentez ! » répondit Riol en poussant sur lui son destrier.

Mais Tristan esquiva l'atteinte, et, levant le bras, fit lourdement tomber sa lame sur le heaume de Riol, dont il embarra le cercle[4] et emporta le nasal[5]. La lame glissa de l'épaule du chevalier au flanc du cheval, qui chancela et s'abattit à son tour. Riol parvint à s'en débarrasser et se redressa ; à pied tous deux, l'écu troué, fendu, le haubert démaillé, ils se requièrent et s'assaillent ; enfin Tristan frappe Riol sur l'escarboucle de son heaume. Le cercle cède, et le coup était si fortement asséné que le baron tombe sur les genoux et sur les mains :

« Relève-toi, si tu peux, vassal, lui cria Tristan ; à la male heure es-tu venu dans ce champ ; il te faut mourir ! »

Riol se remet en pieds, mais Tristan l'abat encore d'un coup qui fendit le heaume, trancha la coiffe[6] et découvrit le crâne. Riol

notes --

1. gonfanon : bannière de forme rectangulaire attachée à une lance et utilisée lors des combats. Il permettait aux chevaliers de se reconnaître entre eux.

2. vide les arçons : tombe de cheval (c'est-à-dire sort de l'arçon de la selle).

3. fourbie : nettoyée et prête au combat.

4. embarra le cercle : enfonça le casque.

5. nasal : partie du casque qui protège le nez.

6. coiffe : couvre-chef porté sous le casque.

implora merci, demanda la vie sauve et Tristan reçut son épée[1].
175 Il la prit à temps, car de toutes parts les Nantais étaient venus à
la rescousse de leur seigneur. Mais déjà leur seigneur était
recréant[2].

Riol promit de se rendre en la prison du duc Hoël, de lui jurer
de nouveau hommage et foi, de restaurer les bourgs et les villages
180 brûlés. Par son ordre, la bataille s'apaisa, et son ost s'éloigna.

Quand les vainqueurs furent rentrés dans Carhaix, Kaherdin dit
à son père :

« Sire, mandez Tristan, et retenez-le ; il n'est pas de meilleur
chevalier, et votre pays a besoin d'un baron de telle prouesse. »

185 Ayant pris le conseil de ses hommes, le duc Hoël appela Tristan :

« Ami, je ne saurais trop vous aimer, car vous m'avez conservé
cette terre. Je veux donc m'acquitter envers vous. Ma fille, Iseut
aux Blanches Mains, est née de ducs, de rois et de reines.
Prenez-la, je vous la donne.

190 — Sire, je la prends », dit Tristan.

Ah ! seigneurs, pourquoi dit-il cette parole ? Mais, pour cette
parole, il mourut.

Jour est pris, terme fixé. Le duc vient avec ses amis, Tristan avec
les siens. Le chapelain chante la messe. Devant tous, à la porte du
195 moutier, selon la loi de sainte Église, Tristan épouse Iseut aux
Blanches Mains. Les noces furent grandes et riches. Mais la nuit
venue, tandis que les hommes de Tristan le dépouillaient de ses
vêtements, il advint que, en retirant la manche trop étroite de son
bliaut, ils enlevèrent et firent choir de son doigt son anneau de
200 jaspe vert, l'anneau d'Iseut la Blonde. Il sonne clair sur les dalles.

Tristan regarde et le voit. Alors son ancien amour se réveille,
et Tristan connaît son forfait.

notes ....

| **1. reçut son épée :** coutume chevaleresque où le vaincu | offre son arme au vainqueur et s'avoue défait. | **2. recréant :** vaincu. |

Il lui ressouvint du jour où Iseut la Blonde lui avait donné cet anneau : c'était dans la forêt, où, pour lui, elle avait mené l'âpre vie. Et, couché auprès de l'autre Iseut, il revit la hutte du Morois. Par quelle forsennerie[1] avait-il en son cœur accusé son amie de trahison ? Non, elle souffrait pour lui toute misère, et lui seul l'avait trahie.

Mais il prenait aussi en compassion Iseut, sa femme, la simple, la belle. Les deux Iseut l'avaient aimé à la male heure. À toutes les deux il avait menti sa foi.

Pourtant, Iseut aux Blanches Mains s'étonnait de l'entendre soupirer, étendu à ses côtés. Elle lui dit enfin, un peu honteuse :

« Cher seigneur, vous ai-je offensé en quelque chose ? Pourquoi ne me donnez-vous pas un seul baiser ? Dites-le-moi, que je connaisse mon tort, et je vous en ferai belle amendise, si je puis.

— Amie, dit Tristan, ne vous courroucez pas, mais j'ai fait un vœu. Naguère, en un autre pays, j'ai combattu un dragon, et j'allais périr, quand je me suis souvenu de la Mère de Dieu : je lui ai promis que, délivré du monstre par sa courtoisie, si jamais je prenais femme, tout un an je m'abstiendrais de l'accoler et de l'embrasser…

— Or donc, dit Iseut aux Blanches Mains, je le souffrirai bonnement. »

Mais quand les servantes, au matin, lui ajustèrent la guimpe des femmes épousées, elle sourit tristement, et songea qu'elle n'avait guère droit à cette parure.

note ⋯⋯⋯⋯⋯⋯⋯⋯⋯⋯⋯⋯⋯⋯⋯⋯

I **1. forsennerie :** méprise.

Chapitre XVI

KAHERDIN

À quelques jours de là, le duc Hoël, son sénéchal et tous ses veneurs, Tristan, Iseut aux Blanches Mains et Kaherdin sortirent ensemble du château pour chasser en forêt. Sur une route étroite, Tristan chevauchait à la gauche de Kaherdin, qui de sa main droite retenait par les rênes le palefroi d'Iseut aux Blanches Mains. Or, le palefroi buta[1] dans une flaque d'eau. Son sabot fit rejaillir l'eau si fort sous les vêtements d'Iseut qu'elle en fut toute mouillée et sentit la froidure plus haut que son genou. Elle jeta un cri léger, et d'un coup d'éperon enleva son cheval en riant d'un rire si haut et si clair que Kaherdin, poignant après elle et l'ayant rejointe, lui demanda :

« Belle sœur, pourquoi riez-vous ?

— Pour un penser qui me vint, beau frère. Quand cette eau a jailli vers moi, je lui ai dit : « Eau, tu es plus hardie que ne fut

note

1. **buta :** heurta son pied (son sabot).

177

15 jamais le hardi Tristan!» C'est de quoi j'ai ri. Mais déjà j'ai trop
parlé, frère, et m'en repens.»

Kaherdin, étonné, la pressa si vivement qu'elle lui dit enfin la
vérité de ses noces.

Alors Tristan les rejoignit, et tous trois chevauchèrent en
20 silence jusqu'à la maison de chasse. Là, Kaherdin appela Tristan
à parlement et lui dit:

«Sire Tristan, ma sœur m'a avoué la vérité de ses noces. Je vous
tenais à pair et à compagnon. Mais vous avez faussé votre foi et
honni ma parenté. Désormais, si vous ne me faites droit, sachez
25 que je vous défie.»

Tristan lui répondit:

«Oui, je suis venu parmi vous pour votre malheur. Mais
apprends ma misère, beau doux ami, frère et compagnon, et peut-
être ton cœur s'apaisera. Sache que j'ai une autre Iseut, plus belle
30 que toutes les femmes, qui a souffert et qui souffre encore pour
moi maintes peines. Certes, ta sœur m'aime et m'honore; mais,
pour l'amour de moi, l'autre Iseut traite à plus d'honneur encore
que ta sœur ne me traite un chien que je lui ai donné. Viens; quit-
tons cette chasse, suis-moi où je te mènerai; je te dirai la misère
35 de ma vie.»

Tristan tourna bride et brocha son cheval. Kaherdin poussa le
sien sur ses traces. Sans une parole, ils coururent jusqu'au plus
profond de la forêt. Là, Tristan dévoila sa vie à Kaherdin. Il dit
comment, sur la mer, il avait bu l'amour et la mort; il dit la
40 traîtrise des barons et du nain, la reine menée au bûcher, livrée
aux lépreux, et leurs amours dans la forêt sauvage; comment il
l'avait rendue au roi Marc, et comment, l'ayant fuie, il avait voulu

aimer Iseut aux Blanches Mains ; comment il savait désormais qu'il ne pouvait vivre ni mourir sans la reine.

45 Kaherdin se tait et s'étonne. Il sent sa colère qui, malgré lui, s'apaise.

« Ami, dit-il enfin, j'entends merveilleuses paroles, et vous avez ému mon cœur à pitié : car vous avez enduré telles peines dont Dieu garde chacun et chacune ! Retournons vers Carhaix : au 50 troisième jour, si je puis, je vous dirai ma pensée. »

En sa chambre, à Tintagel, Iseut la Blonde soupire à cause de Tristan qu'elle appelle. L'aimer toujours, elle n'a d'autre penser, d'autre espoir, d'autre vouloir. En lui est tout son désir, et depuis deux années elle ne sait rien de lui. Où est-il ? En quel 55 pays ? Vit-il seulement ?

En sa chambre, Iseut la Blonde est assise, et fait un triste lai d'amour. Elle dit comment Guron fut surpris et tué pour l'amour de la dame qu'il aimait sur toute chose, et comment par ruse le comte donna le cœur de Guron à manger à sa femme, et 60 la douleur de celle-ci.

La reine chante doucement ; elle accorde sa voix à la harpe. Les mains sont belles, le lai bon, le ton bas et douce la voix.

Or, survient Kariado, un riche comte d'une île lointaine. Il était venu à Tintagel pour offrir à la reine son service, et, plusieurs fois 65 depuis le départ de Tristan, il l'avait requise d'amour[1]. Mais la reine rebutait sa requête et la tenait à folie. Il était beau chevalier, orgueilleux et fier, bien emparlé[2], mais il valait mieux dans les chambres des dames qu'en bataille. Il trouva Iseut, qui faisait son lai. Il lui dit en riant :

notes

1. il l'avait requise d'amour : il l'avait priée de devenir sa dame.

2. emparlé : qui parle bien.

179

**Tristan et Iseut dans une scène
de l'opéra de Wagner,
présenté à Bayreuth en 1952.**

70 «Dame, quel triste chant, triste comme celui de l'orfraie[1]! Ne dit-on pas que l'orfraie chante pour annoncer la mort? C'est ma mort sans doute qu'annonce votre lai: car je meurs pour l'amour de vous!

– Soit, lui dit Iseut. Je veux bien que mon chant signifie votre
75 mort, car jamais vous n'êtes venu céans sans m'apporter une nouvelle douloureuse. C'est vous qui toujours avez été orfraie ou chat-huant[2] pour médire de Tristan. Aujourd'hui, quelle male nouvelle me direz-vous encore?»

Kariado lui répondit:

80 «Reine, vous êtes irritée, et je ne sais de quoi; mais bien fou qui s'émeut de vos dires! Quoi qu'il advienne de la mort que m'annonce l'orfraie, voici donc la male nouvelle que vous apporte le chat-huant: Tristan, votre ami, est perdu pour vous, dame Iseut. Il a pris femme en autre terre. Désormais, vous pour-
85 rez vous pourvoir ailleurs, car il dédaigne votre amour. Il a pris femme à grand honneur, Iseut aux Blanches Mains, la fille du duc de Bretagne.»

Kariado s'en va, courroucé. Iseut la Blonde baisse la tête et commence à pleurer.

90 Au troisième jour, Kaherdin appelle Tristan:

«Ami, j'ai pris conseil en mon cœur. Oui, si vous m'avez dit la vérité, la vie que vous menez en cette terre est forsennerie et folie, et nul bien n'en peut venir ni pour vous, ni pour ma sœur Iseut aux Blanches Mains. Donc entendez mon propos. Nous
95 voguerons ensemble vers Tintagel: vous reverrez la reine, et vous éprouverez si toujours elle vous regrette et vous porte foi. Si elle

notes ....

1. orfraie: sorte d'aigle.
2. chat-huant: rapace nocturne proche de la chouette. D'après les

croyances médiévales, chouettes et hiboux sont des présages de mort.

vous a oublié, peut-être alors aurez-vous plus chère Iseut ma sœur, la simple, la belle. Je vous suivrai : ne suis-je pas votre pair et votre compagnon ?

100 — Frère, dit Tristan, on dit bien : le cœur d'un homme vaut tout l'or d'un pays. »

Bientôt Tristan et Kaherdin prirent le bourdon et la chape des pèlerins, comme s'ils voulaient visiter les corps saints en terre lointaine. Ils prirent congé du duc Hoël. Tristan emmenait Gorvenal, 105 et Kaherdin un seul écuyer. Secrètement ils équipèrent une nef, et tous quatre ils voguèrent vers la Cornouailles.

Le vent leur fut léger et bon, tant qu'ils atterrirent un matin, avant l'aurore, non loin de Tintagel, dans une crique déserte, voisine du château de Lidan. Là, sans doute, Dinas de Lidan, le bon 110 sénéchal, les hébergerait et saurait cacher leur venue.

Au petit jour, les quatre compagnons montaient vers Lidan, quand ils virent venir derrière eux un homme qui suivait la même route au petit pas de son cheval. Ils se jetèrent sous bois, et l'homme passa sans les voir, car il sommeillait en selle. Tristan 115 le reconnut :

« Frère, dit-il tout bas à Kaherdin, c'est Dinas de Lidan lui-même. Il dort. Sans doute il revient de chez son amie et rêve encore d'elle : il ne serait pas courtois de l'éveiller, mais suis-moi de loin. »

120 Il rejoignit Dinas, prit doucement son cheval par la bride, et chemina sans bruit à ses côtés. Enfin, un faux pas du cheval réveilla le dormeur. Il ouvre les yeux, voit Tristan, hésite :

« C'est toi, c'est toi, Tristan ! Dieu bénisse l'heure où je te revois : je l'ai si longtemps attendue !

125 — Ami, Dieu vous sauve ! Quelles nouvelles me direz-vous de la reine ?

– Hélas! de dures nouvelles. Le roi la chérit et veut lui faire fête; mais depuis ton exil elle languit et pleure pour toi. Ah! pourquoi revenir près d'elle? Veux-tu chercher encore ta mort et la sienne? Tristan, aie pitié de la reine, laisse-la à son repos!

– Ami, dit Tristan, octroyez-moi un don: cachez-moi à Lidan, portez-lui mon message et faites que je la revoie une fois, une seule fois!»

Dinas répondit:

«J'ai pitié de ma dame, et ne veux faire ton message que si je sais qu'elle t'est restée chère par-dessus toutes les femmes.

– Ah! sire, dites-lui qu'elle m'est restée chère par-dessus toutes les femmes, et ce sera vérité.

– Or donc, suis-moi, Tristan: je t'aiderai en ton besoin.»

À Lidan, le sénéchal hébergea Tristan, Gorvenal, Kaherdin et son écuyer, et quand Tristan lui eut conté de point en point l'aventure de sa vie, Dinas s'en fut à Tintagel pour s'enquérir des nouvelles de la cour. Il apprit qu'à trois jours de là, la reine Iseut, le roi Marc, toute sa mesnie, tous ses écuyers et tous ses veneurs quitteraient Tintagel pour s'établir au château de la Blanche-Lande, où de grandes chasses étaient préparées. Alors Tristan confia au sénéchal son anneau de jaspe vert et le message qu'il devait redire à la reine.

chapitre XVII

DINAS DE LIDAN

    Dinas retourna donc à Tintagel, monta les degrés et entra dans la salle. Sous le dais, le roi Marc et Iseut la Blonde étaient assis à l'échiquier. Dinas prit place sur un escabeau près de la reine, comme pour observer son jeu, et par deux fois, feignant de lui désigner les pièces, il posa sa main sur l'échiquier : à la seconde fois, Iseut reconnut à son doigt l'anneau de jaspe. Alors, elle eut assez joué. Elle heurta légèrement le bras de Dinas, en telle guise que plusieurs paonnets[1] tombèrent en désordre.

    « Voyez, sénéchal, dit-elle, vous avez troublé mon jeu, et de telle sorte que je ne saurais le reprendre. »

    Marc quitte la salle, Iseut se retire en sa chambre et fait venir le sénéchal auprès d'elle :

note

1. paonnets : pions du jeu d'échecs.

«Ami, vous êtes messager de Tristan ?

— Oui, reine, il est à Lidan, caché dans mon château.

— Est-il vrai qu'il ait pris femme en Bretagne ?

— Reine, on vous a dit la vérité. Mais il assure qu'il ne vous a point trahie ; que pas un seul jour il n'a cessé de vous chérir par-dessus toutes les femmes ; qu'il mourra, s'il ne vous revoit… une fois seulement : il vous semond d'y consentir, par la promesse que vous lui fîtes le dernier jour où il vous parla. »

La reine se tut quelque temps, songeant à l'autre Iseut. Enfin, elle répondit :

«Oui, au dernier jour où il me parla, j'ai dit, il m'en souvient : «Si jamais je revois l'anneau de jaspe vert, ni tour, ni fort château, ni défense royale ne m'empêcheront de faire la volonté de mon ami, que ce soit sagesse ou folie… »

— Reine, à deux jours d'ici, la cour doit quitter Tintagel pour gagner la Blanche-Lande ; Tristan vous mande qu'il sera caché sur la route, dans un fourré d'épines. Il vous mande que vous le preniez en pitié.

— Je l'ai dit : ni tour, ni fort château, ni défense royale ne m'empêcheront de faire la volonté de mon ami. »

Le surlendemain, tandis que toute la cour de Marc s'apprêtait au départ de Tintagel, Tristan et Gorvenal, Kaherdin et son écuyer revêtirent le haubert, prirent leurs épées et leurs écus et, par des chemins secrets, se mirent à la voie vers le lieu désigné. À travers la forêt, deux routes conduisaient vers la Blanche-Lande : l'une belle et bien ferrée, par où devait passer le cortège, l'autre pierreuse et abandonnée. Tristan et Kaherdin apostèrent

40 sur celle-ci leurs deux écuyers; ils les attendraient en ce lieu, gardant leurs chevaux et leurs écus. Eux-mêmes se glissèrent sous bois et se cachèrent dans un fourré. Devant ce fourré, sur la route, Tristan déposa une branche de coudrier[1] où s'enlaçait un brin de chèvrefeuille.

45 Bientôt, le cortège apparaît sur la route. C'est d'abord la troupe du roi Marc. Viennent en belle ordonnance les fourriers[2] et les maréchaux, les queux[3] et les échansons[4], viennent les chapelains, viennent les valets de chiens menant lévriers et brachets, puis les fauconniers[5] portant les oiseaux sur le poing gauche, puis les

50 veneurs, puis les chevaliers et les barons; ils vont leur petit train, bien arrangés deux par deux, et il fait beau les voir, richement montés sur chevaux harnachés de velours semé d'orfèvrerie. Puis le roi Marc passa, et Kaherdin s'émerveillait de voir ses privés autour de lui, deux deçà et deux delà, habillés tous de drap d'or

55 ou d'écarlate.

Alors s'avance le cortège de la reine. Les lavandières[6] et les chambrières[7] viennent en tête, ensuite les femmes et les filles des barons et des comtes. Elles passent une à une; un jeune chevalier escorte chacune d'elles. Enfin approche un palefroi

60 monté par la plus belle que Kaherdin ait jamais vue de ses yeux: elle est bien faite de corps et de visage, les hanches un peu basses, les sourcils bien tracés, les yeux riants, les dents menues; une robe de rouge samit la couvre; un mince chapelet d'or et de pierreries pare son front poli.

notes ....

1. coudrier: noisetier. Le noisetier est un arbre auquel le folklore accorde des vertus magiques. Les baguettes des fées, de même que les bâtons des sourciers sont faits de ce bois, qui a pour caractéristique de répondre très vivement

aux changements de pression atmosphérique et de taux d'humidité dans l'air.
2. fourriers: sous-officiers chargés du logement du roi.
3. queux: cuisiniers.
4. échansons: officiers qui versent à boire à un roi ou à un seigneur.

5. fauconniers: officiers qui s'occupent du dressage et de l'élevage des faucons.
6. lavandières: servantes chargées de l'entretien du linge.
7. chambrières: femmes de chambre.

65 « C'est la reine, dit Kaherdin à voix basse.

– La reine ? dit Tristan ; non, c'est Camille, sa servante. »

Alors s'en vient, sur un palefroi vair, une autre damoiselle, plus blanche que neige en février, plus vermeille que rose ; ses yeux clairs frémissent comme l'étoile dans la fontaine.

70 « Or, je la vois, c'est la reine ! dit Kaherdin.

– Eh ! non, dit Tristan, c'est Brangien la Fidèle. »

Mais la route s'éclaira tout à coup, comme si le soleil ruisselait soudain à travers les feuillages des grands arbres, et Iseut la Blonde apparut. Le duc Andret, que Dieu honnisse ! chevauchait
75 à sa droite.

À cet instant, partirent du fourré d'épines des chants de fauvettes et d'alouettes, et Tristan mettait en ces mélodies toute sa tendresse. La reine a compris le message de son ami. Elle remarque sur le sol la branche de coudrier où le chèvrefeuille
80 s'enlace fortement, et songe en son cœur : « Ainsi va de nous, ami ; ni vous sans moi, ni moi sans vous. » Elle arrête son palefroi, descend, vient vers une haquenée[1] qui portait une niche enrichie de pierreries ; là, sur un tapis de pourpre, était couché le chien Petit-Crû : elle le prend entre ses bras, le flatte de la
85 main, le caresse de son manteau d'hermine, lui fait mainte fête. Puis, l'ayant replacé dans sa châsse, elle se tourne vers le fourré d'épines et dit à voix haute :

« Oiseaux de ce bois, qui m'avez réjouie de vos chansons, je vous prends à louage[2]. Tandis que mon seigneur Marc chevauchera
90 jusqu'à la Blanche-Lande, je veux séjourner dans mon château de Saint-Lubin. Oiseaux, faites-moi cortège jusque-là ; ce soir, je vous récompenserai richement, comme de bons ménestrels[3]. »

notes ....

1. haquenée : cheval facile à monter, générale-ment réservé aux femmes et allant volontiers l'amble.

2. à louage : à témoin.

3. ménestrels : poètes ou musiciens ambulants.

Tristan retint ses paroles et se réjouit. Mais déjà Andret le Félon s'inquiétait. Il remit la reine en selle et le cortège s'éloigna.

95 Or, écoutez une male aventure. Dans le temps où passait le cortège royal, là-bas, sur l'autre route où Gorvenal et l'écuyer de Kaherdin gardaient les chevaux de leurs seigneurs, survint un chevalier en armes, nommé Bleheri. Il reconnut de loin Gorvenal et l'écu de Tristan : « Qu'ai-je vu ? pensa-t-il ; c'est Gorvenal et cet

100 autre est Tristan lui-même. » Il éperonna son cheval vers eux et cria : « Tristan ! » Mais déjà les deux écuyers avaient tourné bride et fuyaient. Bleheri, lancé à leur poursuite, répétait :

« Tristan ! arrête, je t'en conjure par ta prouesse ! »

Mais les écuyers ne se retournèrent pas. Alors Bleheri cria :

105 « Tristan ! arrête, je t'en conjure par le nom d'Iseut la Blonde ! »

Trois fois il conjura les fuyards par le nom d'Iseut la Blonde. Vainement : ils disparurent, et Bleheri ne put atteindre qu'un de leurs chevaux, qu'il emmena comme sa capture. Il parvint au château de Saint-Lubin au moment où la reine venait de s'y

110 héberger. Et, l'ayant trouvée seule, il lui dit :

« Reine, Tristan est dans ce pays. Je l'ai vu sur la route abandonnée qui vient de Tintagel. Il a pris la fuite. Trois fois je lui ai crié de s'arrêter, le conjurant au nom d'Iseut la Blonde ; mais il avait pris peur, il n'a pas osé m'attendre.

115 — Beau sire, vous dites mensonge et folie : comment Tristan serait-il en ce pays ? Comment aurait-il fui devant vous ? Comment ne se serait-il pas arrêté, conjuré par mon nom ?

— Pourtant, dame, je l'ai vu, à telles enseignes que j'ai pris l'un de ses chevaux. Voyez-le tout harnaché, là-bas, sur l'aire. »

120   Mais Bleheri vit Iseut courroucée. Il en eut deuil, car il aimait Tristan et la reine. Il la quitta, regrettant d'avoir parlé.

    Alors, Iseut pleura et dit: «Malheureuse! j'ai trop vécu, puisque j'ai vu le jour où Tristan me raille et me honnit! Jadis, conjuré par mon nom, quel ennemi n'aurait-il pas affronté? Il

125 est hardi de son corps: s'il a fui devant Bleheri, s'il n'a pas daigné s'arrêter au nom de son amie, ah! c'est que l'autre Iseut le possède! Pourquoi est-il revenu? Il m'avait trahie, il a voulu me honnir par surcroît! N'avait-il pas assez de mes tourments anciens? Qu'il s'en retourne donc, honni à son tour, vers Iseut

130 aux Blanches Mains!»

    Elle appela Perinis le Fidèle, et lui redit les nouvelles que Bleheri lui avait portées. Elle ajouta:

    «Ami, cherche Tristan sur la route abandonnée qui va de Tintagel à Saint-Lubin. Tu lui diras que je ne le salue pas, et qu'il

135 ne soit pas si hardi que d'oser approcher de moi, car je le ferais chasser par les sergents[1] et les valets.»

    Perinis se mit en quête, tant qu'il trouva Tristan et Kaherdin. Il leur fit le message de la reine.

    «Frère, s'écria Tristan, qu'as-tu dit? Comment aurais-je fui

140 devant Bleheri, puisque, tu le vois, nous n'avons pas même nos chevaux? Gorvenal et un écuyer les gardaient, nous ne les avons pas retrouvés au lieu désigné, et nous les cherchons encore.»

    À cet instant revinrent Gorvenal et l'écuyer de Kaherdin: ils confessèrent leur aventure.

145   «Perinis, beau doux ami, dit Tristan, retourne en hâte vers ta dame. Dis-lui que je lui envoie salut et amour, que je n'ai pas failli à la loyauté que je lui dois, qu'elle m'est chère par-dessus toutes

---

note ·············

1. sergents: serviteurs (dans ce contexte, plus probablement employé dans son sens d'hommes d'armes).

les femmes; dis-lui qu'elle te renvoie vers moi me porter sa merci; j'attendrai ici que tu reviennes.»

150 Perinis retourna donc vers la reine et lui redit ce qu'il avait vu et entendu. Mais elle ne le crut pas:

«Ah! Perinis, tu étais mon privé et mon fidèle, et mon père t'avait destiné, tout enfant, à me servir. Mais Tristan l'enchanteur t'a gagné par ses mensonges et ses présents. Toi aussi, tu m'as

155 trahie; va-t'en!»

Perinis s'agenouilla devant elle:

«Dame, j'entends paroles dures. Jamais je n'eus telle peine en ma vie. Mais peu me chaut de moi: j'ai deuil pour vous, dame, qui faites outrage à mon seigneur Tristan, et qui trop tard en

160 aurez regret.

— Va-t'en, je ne te crois pas! Toi aussi, Perinis, Perinis le Fidèle, tu m'as trahie!»

Tristan attendit longtemps que Perinis lui portât le pardon de la reine. Perinis ne vint pas.

165 Au matin, Tristan s'atourne[1] d'une grande chape en lambeaux. Il peint par places son visage de vermillon et de brou de noix[2], en sorte qu'il ressemble à un malade rongé par la lèpre. Il prend en ses mains un hanap de bois veiné à recueillir les aumônes, et une crécelle de ladre.

170 Il entre dans les rues de Saint-Lubin, et, muant sa voix, mendie à tous venants. Pourra-t-il seulement apercevoir la reine?

Elle sort enfin du château; Brangien et ses femmes, ses valets et ses sergents l'accompagnent. Elle prend la voie qui mène à l'église. Le lépreux suit les valets, fait sonner sa crécelle, supplie

175 à voix dolente:

notes ....

1. **s'atourne:** se couvre.
2. **de vermillon et de brou de noix:** deux substances colorantes:

la première rouge vif, la seconde marron.

«Reine, faites-moi quelque bien; vous ne savez pas comme je suis besogneux[1]!»

À son beau corps, à sa stature, Iseut l'a reconnu. Elle frémit toute, mais ne daigne baisser son regard vers lui. Le lépreux
180 l'implore, et c'est pitié de l'ouïr; il se traîne après elle:

«Reine, si j'ose approcher de vous, ne vous courroucez pas; ayez pitié de moi, je l'ai bien mérité!»

Mais la reine appelle les valets et les sergents:

«Chassez ce ladre[2]!» leur dit-elle.

185 Les valets le repoussent, le frappent. Il leur résiste, et s'écrie:

«Reine, ayez pitié!»

Alors Iseut éclata de rire. Son rire sonnait encore quand elle entra dans l'église. Quand il l'entendit rire, le lépreux s'en alla. La reine fit quelques pas dans la nef[3] du moutier! mais ses mem-
190 bres fléchirent; elle tomba sur les genoux, puis sa tête se renversa en arrière et buta contre les dalles.

Le même jour, Tristan prit congé de Dinas, à tel déconfort qu'il semblait avoir perdu le sens, et sa nef appareilla pour la Bretagne.

Hélas! bientôt la reine se repentit. Quand elle sut par Dinas de
195 Lidan que Tristan était parti à tel deuil, elle se prit à croire que Perinis lui avait dit la vérité; que Tristan n'avait pas fui, conjuré par son nom; qu'elle l'avait chassé à grand tort. «Quoi! pensait-elle, je vous ai chassé, vous, Tristan, ami! Vous me haïssez désormais, et jamais je ne vous reverrai. Jamais vous n'apprendrez
200 seulement mon repentir, ni quel châtiment je veux m'imposer et vous offrir comme un gage menu de mon remords!»

De ce jour, pour se punir de son erreur et de sa folie, Iseut la Blonde revêtit un cilice[4] et le porta contre sa chair.

notes ··

1. besogneux: un bon travailleur.

2. ladre: lépreux (et ce, d'autant plus qu'ici, le terme est associé à la crécelle!).

3. nef: partie de l'église entre le portail et le chœur.

4. cilice: vêtement rugueux qui irrite la peau. Celui qui le porte veut ainsi s'imposer une souffrance physique afin d'expier un quelconque péché.

Chapitre XVIII

TRISTAN FOU

Tristan revit la Bretagne, Carhaix, le duc Hoël et sa femme Iseut aux Blanches Mains. Tous lui firent accueil, mais Iseut la Blonde l'avait chassé : rien ne lui était plus. Longuement, il languit loin d'elle ; puis, un jour, il songea qu'il voulait la revoir, dût-elle le faire encore battre vilement par ses sergents et ses valets. Loin d'elle, il savait sa mort sûre et prochaine ; plutôt mourir d'un coup que lentement, chaque jour ! Qui vit à douleur est tel qu'un mort. Tristan désire la mort, il veut la mort : mais que la reine apprenne du moins qu'il a péri pour l'amour d'elle ; qu'elle l'apprenne, il mourra plus doucement.

Il partit de Carhaix sans avertir personne, ni ses amis, ni même Kaherdin, son cher compagnon. Il partit misérablement vêtu, à pied : car nul ne prend garde aux pauvres truands qui cheminent sur les grandes routes. Il marcha tant qu'il atteignit le rivage de la mer.

Au port, une grande nef marchande appareillait : déjà les mariniers halaient[1] la voile et levaient l'ancre pour cingler vers la haute mer.

« Dieu vous garde, seigneurs, et puissiez-vous naviguer heureusement ! Vers quelle terre irez-vous ?

— Vers Tintagel.

— Vers Tintagel ! Ah ! seigneurs, emmenez-moi ! »

Il s'embarque. Un vent propice gonfle la voile, la nef court sur les vagues. Cinq nuits et cinq jours elle vogua droit vers la Cornouailles, et le sixième jour jeta l'ancre dans le port de Tintagel.

Au-delà du port, le château se dressait sur la mer, bien clos de toutes parts : on n'y pouvait entrer que par une seule porte de fer, et deux prud'hommes la gardaient jour et nuit. Comment y pénétrer ?

Tristan descendit de la nef et s'assit sur le rivage. Il apprit d'un homme qui passait que Marc était au château et qu'il venait d'y tenir une grande cour.

« Mais où est la reine ? et Brangien, sa belle servante ?

— Elles sont aussi à Tintagel, et récemment je les ai vues : la reine Iseut semblait triste, comme à son ordinaire. »

Au nom d'Iseut, Tristan soupira et songea que, ni par ruse, ni par prouesse, il ne réussira à revoir son amie : car le roi Marc le tuerait…

note

1. halaient : tendaient
la voile en la tirant
au moyen d'un cordage.

Projet de costume pour une représentation de l'opéra de Wagner à l'Opéra de Paris, 1895.

«Mais qu'importe qu'il me tue? Iseut, ne dois-je pas mourir pour l'amour de vous? Et que fais-je chaque jour, sinon
mourir? Mais vous pourtant, Iseut, si vous me saviez ici,
daigneriez-vous seulement parler à votre ami? Ne me feriez-
vous pas chasser par vos sergents? Oui, je veux tenter une
ruse... Je me déguiserai en fou, et cette folie sera grande sagesse.
Tel me tiendra pour assoté[1] qui sera moins sage que moi, tel me
croira fou qui aura plus fou dans sa maison.»

Un pêcheur s'en venait, vêtu d'une gonelle de bure velue, à
grand chaperon. Tristan le voit, lui fait un signe, le prend à l'écart.

«Ami, veux-tu troquer tes draps contre les miens? Donne-moi
ta cotte, qui me plaît fort.»

Le pêcheur regarda les vêtements de Tristan, les trouva meilleurs
que les siens, les prit aussitôt et s'en alla bien vite, heureux de
l'échange.

Alors Tristan tondit sa belle chevelure blonde, au ras de la tête,
en y dessinant une croix. Il enduisit sa face d'une liqueur faite
d'une herbe magique apportée de son pays, et aussitôt sa couleur
et l'aspect de son visage muèrent si étrangement que nul homme
au monde n'aurait pu le reconnaître. Il arracha d'une haie une
pousse de châtaignier[2], s'en fit une massue et la pendit à son cou;
les pieds nus, il marcha droit vers le château.

Le portier crut qu'assurément il était fou, et lui dit:

«Approchez; où donc êtes-vous resté si longtemps?»

Tristan contrefit sa voix et répondit:

«Aux noces de l'abbé du Mont, qui est de mes amis. Il a épousé
une abbesse, une grosse dame voilée. De Besançon jusqu'au
Mont tous les prêtres, abbés, moines et clercs ordonnés ont été

notes

1. **assoté:** stupide.
2. **châtaignier:** sorte d'arbre.

mandés à ces épousailles : et tous sur la lande, portant bâtons et crosses[1], sautent, jouent et dansent à l'ombre des grands arbres. Mais je les ai quittés pour venir ici : car je dois aujourd'hui servir à la table du roi. »

Le portier lui dit :

« Entrez donc, seigneur, fils d'Urgan le Velu ; vous êtes grand et velu comme lui, et vous ressemblez assez à votre père. »

Quand il entra dans le bourg, jouant de sa massue, valets et écuyers s'amassèrent sur son passage, le pourchassant comme un loup :

« Voyez le fol ! hu ! hu ! et hu ! »

Ils lui lancent des pierres, l'assaillent de leurs bâtons ; mais il leur tient tête en gambadant et se laisse faire : si on l'attaque à sa gauche, il se retourne et frappe à sa droite.

Au milieu des rires et des huées, traînant après lui la foule ameutée, il parvint au seuil de la porte où, sous le dais, aux côtés de la reine, le roi Marc était assis. Il approcha de la porte, pendit la massue à son cou et entra. Le roi le vit et dit :

« Voilà un beau compagnon ; faites-le approcher. »

On l'amène, la massue au cou :

« Ami, soyez le bienvenu ! »

Tristan répondit, de sa voix étrangement contrefaite :

« Sire, bon et noble entre tous les rois, je le savais, qu'à votre vue mon cœur se fondrait de tendresse. Dieu vous protège, beau sire !

— Ami, qu'êtes-vous venu quérir céans ?

— Iseut, que j'ai tant aimée. J'ai une sœur que je vous amène, la très belle Brunehaut. La reine vous ennuie, essayez de celle-ci : faisons l'échange, je vous donne ma sœur, baillez-moi[2] Iseut ; je la prendrai et vous servirai par amour. »

notes

1. **crosses :** bâtons de berger.

2. **baillez-moi :** donnez-moi.

Le roi s'en rit et dit au fou :

« Si je te donne la reine, qu'en voudras-tu faire ? Où l'emmèneras-tu ?

— Là-haut, entre le ciel et la nue, dans ma belle maison de verre. Le soleil la traverse de ses rayons, les vents ne peuvent l'ébranler ; j'y porterai la reine en une chambre de cristal, toute fleurie de roses, toute lumineuse au matin quand le soleil la frappe. »

Le roi et ses barons se dirent entre eux :

« Voilà un bon fou, habile en paroles ! »

Il s'était assis sur un tapis et regardait tendrement Iseut.

« Ami, lui dit Marc, d'où te vient l'espoir que ma dame prendra garde à un fou hideux comme toi ?

— Sire, j'y ai bien droit : j'ai accompli pour elle maint travail, et c'est par elle que je suis devenu fou.

— Qui donc es-tu ?

— Je suis Tristan, celui qui a tant aimé la reine, et qui l'aimera jusqu'à la mort. »

À ce nom, Iseut soupira, changea de couleur et, courroucée, lui dit :

« Va-t'en ! Qui t'a fait entrer céans ? Va-t'en, mauvais fou ! »

Le fou remarqua sa colère et dit :

« Reine Iseut, ne vous souvient-il pas du jour, où, navré par l'épée empoisonnée du Morholt, emportant ma harpe sur la mer, j'ai été poussé vers vos rivages ? Vous m'avez guéri. Ne vous en souvient-il plus, reine ? »

Iseut répondit :

« Va-t'en d'ici, fou ; ni tes jeux ne me plaisent, ni toi. »

Aussitôt, le fou se retourna vers les barons, les chassa vers la porte en criant :

125 «Folles gens, hors d'ici! Laissez-moi seul tenir conseil avec Iseut; car je suis venu céans pour l'aimer.»

Le roi s'en rit, Iseut rougit:

«Sire, chassez ce fou!»

Mais le fou reprit, de sa voix étrange:

130 «Reine Iseut, ne vous souvient-il pas du grand dragon que j'ai occis en votre terre? J'ai caché sa langue dans ma chausse, et, tout brûlé par son venin, je suis tombé près du marécage. J'étais alors un merveilleux chevalier!... et j'attendais la mort, quand vous m'avez secouru.»

135 Iseut répond:

«Tais-toi, tu fais injure aux chevaliers, car tu n'es qu'un fou de naissance. Maudits soient les mariniers qui t'apportèrent ici, au lieu de te jeter à la mer!»

Le fou éclata de rire et poursuivit:

140 «Reine Iseut, ne vous souvient-il pas du bain où vous vouliez me tuer de mon épée? et du conte du cheveu d'or qui vous apaisa? et comment je vous ai défendue contre le sénéchal couard?

— Taisez-vous, méchant conteur! Pourquoi venez-vous ici débiter vos songeries[1]? Vous étiez ivre hier soir sans doute, et 145 l'ivresse vous a donné ces rêves.

— C'est vrai, je suis ivre, et de telle boisson que jamais cette ivresse ne se dissipera. Reine Iseut, ne vous souvient-il pas de ce jour si beau, si chaud, sur la haute mer? Vous aviez soif, ne vous en souvient-il pas, fille de roi? Nous bûmes tous deux au même 150 hanap. Depuis, j'ai toujours été ivre, et d'une mauvaise ivresse...»

Quand Iseut entendit ces paroles qu'elle seule pouvait comprendre, elle se cacha la tête dans son manteau, se leva et

note ....

I **1. songeries:** rêveries.

voulut s'en aller. Mais le roi la retint par sa chape d'hermine et la fit rasseoir à ses côtés :

155 « Attendez un peu, Iseut, amie, que nous entendions ces folies jusqu'au bout. Fou, quel métier sais-tu faire ?

— J'ai servi des rois et des comtes.

— En vérité, sais-tu chasser aux chiens ? aux oiseaux ?

— Certes, quand il me plaît de chasser en forêt, je sais prendre,
160 avec mes lévriers, les grues qui volent dans les nuées ; avec mes limiers, les cygnes, les oies bises ou blanches, les pigeons sauvages ; avec mon arc, les plongeons**[1]** et les butors**[2]** ! »

Tous s'en rirent bonnement, et le roi demanda :

« Et que prends-tu, frère, quand tu chasses au gibier de rivière ?
165 — Je prends tout ce que je trouve : avec mes autours**[3]**, les loups des bois et les grands ours ; avec mes gerfauts, les sangliers ; avec mes faucons, les chevreuils et les daims ; les renards, avec mes éperviers ; les lièvres, avec mes émerillons. Et quand je rentre chez qui m'héberge, je sais bien jouer de la massue, partager les tisons
170 entre les écuyers, accorder ma harpe et chanter en musique, et aimer les reines, et jeter par les ruisseaux des copeaux bien taillés. En vérité, ne suis-je pas bon ménestrel ? Aujourd'hui, vous avez vu comme je sais m'escrimer du bâton. »

Et il frappe de sa massue autour de lui.

175 « Allez-vous-en d'ici, crie-t-il, seigneurs cornouaillais ! Pourquoi rester encore ? N'avez-vous pas déjà mangé ? N'êtes-vous pas repus ? »

Le roi, s'étant diverti du fou, demanda son destrier et ses faucons et emmena en chasse chevaliers et écuyers.

---

notes

1. plongeons : oiseaux aquatiques proches du canard.

2. butors : oiseaux échassiers des marais.

3. autours : oiseaux rapaces.

180 «Sire, lui dit Iseut, je me sens lasse et dolente. Permettez que j'aille reposer dans ma chambre; je ne puis écouter plus longtemps ces folies.»

Elle se retira toute pensive en sa chambre, s'assit sur son lit, et mena grand deuil:

185 «Chétive! pourquoi suis-je née? J'ai le cœur lourd et marri. Brangien, chère sœur, ma vie est si âpre et si dure que mieux me vaudrait la mort! Il y a là un fou, tondu en croix, venu céans à la male heure: ce fou, ce jongleur est chanteur ou devin, car il sait de point en point mon être et ma vie; il sait des choses que nul

190 ne sait, hormis vous, moi et Tristan; il les sait, le truand, par enchantement et sortilège.»

Brangien répondit:

«Ne serait-ce pas Tristan lui-même?

— Non, car Tristan est beau et le meilleur des chevaliers; mais

195 cet homme est hideux et contrefait. Maudit soit-il de Dieu! maudite soit l'heure où il est né, et maudite la nef qui l'apporta, au lieu de le noyer là dehors, sous les vagues profondes!

— Apaisez-vous, dame, dit Brangien. Vous savez trop bien, aujourd'hui, maudire et excommunier[1]! Où donc avez-vous

200 appris un tel métier? Mais peut-être cet homme serait-il le messager de Tristan?

— Je ne crois pas, je ne l'ai pas reconnu. Mais allez le trouver, belle amie, parlez-lui, voyez si vous le reconnaîtrez.»

Brangien s'en fut vers la salle où le fou, assis sur un banc, était

205 resté seul. Tristan la reconnut, laissa tomber sa massue et lui dit:

«Brangien, franche Brangien, je vous conjure par Dieu, ayez pitié de moi!

---

note ....

1. excommunier: exclure de la communauté. Le terme est surtout employé dans un cadre religieux lorsque les autorités cléricales bannissent de leurs rangs des individus jugés indésirables: elles leur interdisent ainsi de prendre part à la communion, lors de la messe (d'où le terme).

— Vilain fou, quel diable vous a enseigné mon nom ?

— Belle, dès longtemps je l'ai appris ! Par mon chef[1], qui
naguère fut blond, si la raison s'est enfuie de cette tête, c'est vous,
belle, qui en êtes cause. N'est-ce pas vous qui deviez garder le
breuvage que je bus sur la haute mer ? J'en bus à la grande chaleur
dans un hanap d'argent, et je le tendis à Iseut. Vous seule l'avez su,
belle : ne vous en souvient-il plus ?

— Non ! » répondit Brangien, et, toute troublée, elle se rejeta
vers la chambre d'Iseut ; mais le fou se précipita derrière elle,
criant : « Pitié ! »

Il entre, il voit Iseut, s'élance vers elle, les bras tendus, veut
la serrer sur sa poitrine ; mais, honteuse, mouillée d'une sueur
d'angoisse, elle se rejette en arrière, l'esquive ; et, voyant
qu'elle évite son approche, Tristan tremble de vergogne[2] et de
colère, se recule vers la paroi, près de la porte ; et, de sa voix
toujours contrefaite :

« Certes, dit-il, j'ai vécu trop longtemps, puisque j'ai vu le jour
où Iseut me repousse, ne daigne m'aimer, me tient pour vil ! Ah !
Iseut, qui bien aime tard oublie ! Iseut, c'est une chose belle et
précieuse qu'une source abondante qui s'épanche et court à flots
larges et clairs ; le jour où elle se dessèche, elle ne vaut plus rien :
tel un amour qui tarit. »

Iseut répondit :

« Frère, je vous regarde, je doute, je tremble, je ne sais, je ne
reconnais pas Tristan.

— Reine Iseut, je suis Tristan, celui qui vous a tant aimée. Ne vous
souvient-il pas du nain qui sema la farine entre nos lits ? et du bond
que je fis et du sang qui coula de ma blessure ? et du présent que je

notes

1. chef : tête.
2. vergogne : honte.

vous adressai, le chien Petit-Crû au grelot magique? Ne vous souvient-il pas des morceaux de bois bien taillés que je jetais au ruisseau?»

Iseut le regarde, soupire, ne sait que dire et que croire, voit bien qu'il sait toutes choses, mais ce serait folie d'avouer qu'il est Tristan; et Tristan lui dit:

«Dame reine, je sais bien que vous vous êtes retirée de moi et je vous accuse de trahison. J'ai connu, pourtant, belle, des jours où vous m'aimiez d'amour. C'était dans la forêt profonde, sous la loge de feuillage. Vous souvient-il encore du jour où je vous donnai mon bon chien Husdent? Ah! celui-là m'a toujours aimé, et pour moi il quitterait Iseut la Blonde. Où est-il? Qu'en avez-vous fait? Lui, du moins, il me reconnaîtrait.

— Il vous reconnaîtrait? Vous dites folie; car, depuis que Tristan est parti, il reste là-bas, couché dans sa niche, et s'élance contre tout homme qui s'approche de lui. Brangien, amenez-le-moi.»

Brangien l'amène.

«Viens çà, Husdent, dit Tristan; tu étais à moi, je te reprends.»

Quand Husdent entend sa voix, il fait voler sa laisse des mains de Brangien, court à son maître, se roule à ses pieds, lèche ses mains, aboie de joie.

«Husdent, s'écrie le fou, bénie soit, Husdent, la peine que j'ai mise à te nourrir! Tu m'as fait meilleur accueil que celle que j'aimais tant. Elle ne veut pas me reconnaître: reconnaîtra-t-elle seulement cet anneau qu'elle me donna jadis, avec des pleurs et des baisers, au jour de la séparation? Ce petit anneau de jaspe ne m'a guère quitté: souvent je lui ai demandé conseil dans mes tourments, souvent j'ai mouillé ce jaspe vert de mes chaudes larmes.»

Iseut a vu l'anneau. Elle ouvre ses bras tout grands:

«Me voici! Prends-moi, Tristan!»

Alors Tristan cessa de contrefaire sa voix :

« Amie, comment m'as-tu si longtemps pu méconnaître, plus longtemps que ce chien ? Qu'importe cet anneau ? Ne sens-tu pas qu'il m'aurait été plus doux d'être reconnu au seul rappel de nos amours passées ? Qu'importe le son de ma voix ? C'est le son de mon cœur que tu devais entendre.

— Ami, dit Iseut, peut-être l'ai-je entendu plus tôt que tu ne penses ; mais nous sommes enveloppés de ruses : devais-je, comme ce chien, suivre mon désir, au risque de te faire prendre et tuer sous mes yeux ? Je me gardais et je te gardais. Ni le rappel de ta vie passée, ni le son de ta voix, ni cet anneau même ne me prouvent rien, car ce peuvent être les jeux méchants d'un enchanteur. Je me rends pourtant, à la vue de l'anneau : n'ai-je pas juré que, sitôt que je le reverrais, dussé-je me perdre, je ferais toujours ce que tu me manderais, que ce fût sagesse ou folie ? Sagesse ou folie, me voici ; prends-moi, Tristan ! »

Elle tomba pâmée[1] sur la poitrine de son ami. Quand elle revint à elle, Tristan la tenait embrassée et baisait ses yeux et sa face. Il entre avec elle sous la courtine. Entre ses bras il tient la reine.

Pour s'amuser du fou, les valets l'hébergèrent sous les degrés de la salle, comme un chien dans un chenil. Il endurait doucement leurs railleries et leurs coups, car parfois, reprenant sa forme et sa beauté, il passait de son taudis à la chambre de la reine.

Mais, après quelques jours écoulés, deux chambrières soupçonnèrent la fraude ; elles avertirent Andret, qui aposta devant les chambres des femmes trois espions bien armés. Quand Tristan voulut franchir la porte :

note

| **1. pâmée** : évanouie.

«Arrière, fou, crièrent-ils, retourne te coucher sur ta botte
295 de paille!

— Eh quoi! beaux seigneurs, dit le fou, ne faut-il pas que j'aille
ce soir embrasser la reine? Ne savez-vous pas qu'elle m'aime et
qu'elle m'attend?»

Tristan brandit sa massue; ils eurent peur et le laissèrent entrer.
300 Il prit Iseut entre ses bras:

«Amie, il me faut fuir déjà, car bientôt je serais découvert. Il me
faut fuir et jamais sans doute je ne reviendrai. Ma mort est
prochaine: loin de vous, je mourrai de mon désir.

— Ami, ferme tes bras et accole-moi si étroitement que, dans cet
305 embrassement, nos deux cœurs se rompent et nos âmes s'en
aillent! Emmène-moi au pays fortuné dont tu parlais jadis: au
pays dont nul ne retourne, où des musiciens insignes[1] chantent
des chants sans fin. Emmène-moi!

— Oui, je t'emmènerai au pays fortuné des Vivants. Le temps
310 approche; n'avons-nous pas bu déjà toute misère et toute joie?
Le temps approche; quand il sera tout accompli, si je t'appelle,
Iseut, viendras-tu?

— Ami, appelle-moi, tu le sais bien que je viendrai!

— Amie! que Dieu t'en récompense!»
315 Lorsqu'il franchit le seuil, les espions se jetèrent contre lui. Mais
le fou éclata de rire, fit tourner sa massue et dit:

«Vous me chassez, beaux seigneurs; à quoi bon? Je n'ai plus
que faire céans, puisque ma dame m'envoie au loin préparer la
maison claire que je lui ai promise, la maison de cristal, fleurie de
320 roses, lumineuse au matin quand reluit le soleil!

— Va-t'en donc, fou, à la male heure!»

Les valets s'écartèrent, et le fou, sans se hâter, s'en fut en dansant.

---

note ·····································

| **1. insignes**: remarquables.

204

chapitre XIX

LA MORT

À peine était-il revenu en Petite-Bretagne, à Carhaix, il advint que Tristan, pour porter aide à son cher compagnon Kaherdin, guerroya un baron nommé Bedalis. Il tomba dans une embuscade dressée par Bedalis et ses frères. Tristan tua les sept frères. Mais lui-même fut blessé d'un coup de lance, et la lance était empoisonnée.

Il revint à grand'peine jusqu'au château de Carhaix et fit appareiller[1] ses plaies. Les médecins vinrent en nombre, mais nul ne sut le guérir du venin, car ils ne le découvrirent même pas. Ils ne surent faire aucun emplâtre pour attirer le poison au dehors ; vainement ils battent et broient leurs racines, cueillent des herbes, composent des breuvages : Tristan ne fait qu'empirer,

note

1. **appareiller :** panser, soigner.

le venin s'épand par son corps ; il blêmit et ses os commencent à se découvrir.

15 Il sentit que sa vie se perdait, il comprit qu'il fallait mourir. Alors il voulut revoir Iseut la Blonde. Mais comment aller vers elle ? Il est si faible que la mer le tuerait ; et si même il parvenait en Cornouailles, comment y échapper à ses ennemis ? Il se lamente, le venin l'angoisse, il attend la mort.

20 Il manda Kaherdin en secret pour lui découvrir sa douleur, car tous deux s'aimaient d'un loyal amour. Il voulut que personne ne restât dans sa chambre, hormis Kaherdin, et même que nul ne se tînt dans les salles voisines. Iseut, sa femme, s'émerveilla en son cœur de cette étrange volonté. Elle en fut tout effrayée et voulut

25 entendre l'entretien. Elle vint s'appuyer en dehors de la chambre, contre la paroi qui touchait au lit de Tristan. Elle écoute ; un de ses fidèles, pour que nul ne la surprenne, guette au dehors.

Tristan rassemble ses forces, se redresse, s'appuie contre la muraille ; Kaherdin s'assied près de lui, et tous deux pleurent

30 ensemble tendrement. Ils pleurent le bon compagnonnage d'armes, si tôt rompu, leur grande amitié et leurs amours ; et l'un se lamente sur l'autre.

« Beau doux ami, dit Tristan, je suis sur une terre étrangère, où je n'ai ni parent, ni ami, vous seul excepté ; vous seul, en cette

35 contrée, m'avez donné joie et consolation. Je perds ma vie, je voudrais revoir Iseut la Blonde. Mais comment, par quelle ruse lui faire connaître mon besoin ? Ah ! si je savais un messager qui voulût aller vers elle, elle viendrait, tant elle m'aime ! Kaherdin, beau compagnon, par notre amitié, par la noblesse de votre cœur,

40 par notre compagnonnage, je vous en requiers : tentez pour moi cette aventure, et si vous emportez mon message, je deviendrai votre homme lige et vous aimerai par-dessus tous les hommes. »

Kaherdin voit Tristan pleurer, se déconforter, se plaindre ; son cœur s'amollit de tendresse ; il répond doucement, par amour :

45 « Beau compagnon, ne pleurez plus, je ferai tout votre désir. Certes, ami, pour l'amour de vous je me mettrais en aventure de mort. Nulle détresse, nulle angoisse ne m'empêchera de faire selon mon pouvoir. Dites ce que vous voulez mander à la reine, et je fais mes apprêts. »

50 Tristan répondit :

« Ami, soyez remercié ! Or, écoutez ma prière. Prenez cet anneau : c'est une enseigne[1] entre elle et moi. Et quand vous arriverez en sa terre, faites-vous passer à la cour pour un marchand. Présentez-lui des étoffes de soie, faites qu'elle voie cet

55 anneau : aussitôt elle cherchera une ruse pour vous parler en secret. Alors, dites-lui que mon cœur la salue ; que, seule, elle peut me porter réconfort ; dites-lui que, si elle ne vient pas, je meurs ; dites-lui qu'il lui souvienne de nos plaisirs passés, et des grandes peines, et des grandes tristesses, et des joies, et des douleurs de

60 notre amour loyal et tendre ; qu'il lui souvienne du breuvage que nous bûmes ensemble sur la mer ; ah ! c'est notre mort que nous avons bue ! Qu'il lui souvienne du serment que je lui fis de n'aimer jamais qu'elle : j'ai tenu cette promesse ! »

Derrière la paroi, Iseut aux Blanches Mains entendit ces

65 paroles ; elle défaillit presque.

« Hâtez-vous, compagnon, et revenez bientôt vers moi ; si vous tardez, vous ne me reverrez plus. Prenez un terme de quarante jours et ramenez Iseut la Blonde. Cachez votre départ à votre sœur, ou dites que vous allez quérir un médecin. Vous emmènerez

70 ma belle nef ; prenez avec vous deux voiles, l'une blanche, l'autre

note

1. enseigne : dispositif permettant d'identifier quelqu'un.

**La mort de Tristan. Gravure sur bois, v. 1890,
d'après une peinture de Gustav Adolf Goldberg.**

noire. Si vous ramenez la reine Iseut, dressez au retour la voile blanche ; et, si vous ne la ramenez pas, cinglez avec la voile noire. Ami, je n'ai plus rien à vous dire : que Dieu vous guide et vous ramène sain et sauf ! »

Il soupire, pleure et se lamente, et Kaherdin pleure pareillement, baise Tristan et prend congé.

Au premier vent il se mit en mer. Les mariniers halèrent les ancres, dressèrent la voile, cinglèrent par un vent léger, et leur proue trancha les vagues hautes et profondes. Ils emportaient de riches marchandises : des draps de soie teints de couleurs rares, de la belle vaisselle de Tours, des vins de Poitou, des gerfauts d'Espagne, et par cette ruse Kaherdin pensait parvenir auprès d'Iseut. Huit jours et huit nuits, ils fendirent les vagues et voguèrent à pleines voiles vers la Cornouailles.

Colère de femme est chose redoutable, et que chacun s'en garde ! Là où une femme aura le plus aimé, là aussi elle se vengera le plus cruellement. L'amour des femmes vient vite, et vite vient leur haine ; et leur inimitié, une fois venue, dure plus que l'amitié. Elles savent tempérer l'amour, mais non la haine. Debout contre la paroi, Iseut aux Blanches Mains avait entendu chaque parole. Elle avait tant aimé Tristan !… Elle connaissait enfin son amour pour une autre. Elle retint les choses entendues : si elle le peut un jour, comme elle se vengera sur ce qu'elle aime le plus au monde ! Pourtant, elle n'en fit nul semblant, et dès qu'on ouvrit les portes, elle entra dans la chambre de Tristan, et, cachant son courroux, continua de le servir et de lui faire belle chère, ainsi qu'il sied à une amante. Elle lui parlait doucement, le baisait sur les lèvres, et lui demandait si Kaherdin reviendrait bientôt avec le médecin qui devait le guérir. Mais toujours elle cherchait sa vengeance.

100 Kaherdin ne cessa de naviguer, tant qu'il jeta l'ancre dans le port
de Tintagel. Il prit sur son poing un grand autour, il prit un
drap de couleur rare, une coupe bien ciselée : il en fit présent
au roi Marc et lui demanda courtoisement sa sauvegarde et sa
paix, afin qu'il pût trafiquer en sa terre, sans craindre nul
105 dommage de chambellan ni de vicomte[1]. Et le roi le lui octroya
devant tous les hommes de son palais.

Alors, Kaherdin offrit à la reine un fermail ouvré d'or fin :
« Reine, dit-il, l'or en est bon » ; et, retirant de son doigt
l'anneau de Tristan, il le mit à côté du joyau : « Voyez, reine, l'or
110 de ce fermail est plus riche, et pourtant l'or de cet anneau a bien
son prix. »

Quand Iseut reconnut l'anneau de jaspe vert, son cœur frémit
et sa couleur mua, et, redoutant ce qu'elle allait ouïr, elle attira
Kaherdin à l'écart près d'une croisée, comme pour mieux voir et
115 marchander le fermail. Kaherdin lui dit simplement :

« Dame, Tristan est blessé d'une épée empoisonnée et va mourir.
Il vous mande que, seule, vous pouvez lui porter réconfort. Il vous
rappelle les grandes peines et les douleurs que vous avez subies
ensemble. Gardez cet anneau, il vous le donne. »

120 Iseut répondit, défaillante :

« Ami, je vous suivrai. Demain, au matin, que votre nef soit
prête à l'appareillage ! »

Le lendemain, au matin, la reine dit qu'elle voulait chasser au
faucon et fit préparer ses chiens et ses oiseaux. Mais le duc
125 Andret, qui toujours guettait, l'accompagna. Quand ils furent aux
champs, non loin du rivage de la mer, un faisan s'enleva. Andret
laissa aller un faucon pour le prendre ; mais le temps était clair et
beau : le faucon s'essora[2] et disparut.

notes

1. de chambellan ni de vicomte : personnages appartenant à la noblesse.

Le premier est un préposé à la chambre du roi, le second est le seigneur d'un vicomté, une terre dépendant d'un comté.

2. s'essora : s'envola.

«Voyez, sire Andret, dit la reine : le faucon s'est perché là-bas,
130 au port, sur le mât d'une nef que je ne connaissais pas. À qui
est-elle ?

— Dame, fit Andret, c'est la nef de ce marchand de Bretagne
qui hier vous présenta un fermail d'or. Allons-y reprendre
notre faucon. »

135 Kaherdin avait jeté une planche, comme un ponceau, de sa nef
au rivage. Il vint à la rencontre de la reine :

«Dame, s'il vous plaisait, vous entreriez dans ma nef, et je vous
montrerais mes riches marchandises.

— Volontiers, sire », dit la reine.

140 Elle descend de cheval, va droit à la planche, la traverse, entre
dans la nef. Andret veut la suivre, et s'engage sur la planche : mais
Kaherdin, debout sur le plat-bord, le frappe de son aviron ; Andret
trébuche et tombe dans la mer. Il veut se reprendre ; Kaherdin le
refrappe à coups d'aviron et le rabat sous les eaux, et crie :

145 «Meurs, traître ! Voici ton salaire pour tout le mal que tu as fait
souffrir à Tristan et à la reine Iseut ! »

Ainsi Dieu vengea les amants des félons qui les avaient
tant haïs ! Tous quatre sont morts : Guenelon, Gondoïne,
Denoalen, Andret.

150 L'ancre était relevée, le mât dressé, la voile tendue. Le vent frais
du matin bruissait dans les haubans[1] et gonflait les toiles. Hors du
port, vers la haute mer toute blanche et lumineuse au loin sous
les rais du soleil, la nef s'élança.

À Carhaix, Tristan languit. Il convoite la venue d'Iseut. Rien ne
155 le conforte plus, et s'il vit encore, c'est qu'il l'attend. Chaque jour,
il envoyait au rivage guetter si la nef revenait, et la couleur de sa

note ....

1. haubans : câbles
métalliques qui tiennent
droit le mât d'un navire.

voile ; nul autre désir ne lui tenait plus au cœur. Bientôt il se fit porter sur la falaise de Penmarch, et, si longtemps que le soleil se tenait à l'horizon, il regardait au loin la mer.

160 Écoutez, seigneurs, une aventure douloureuse, pitoyable à ceux qui aiment. Déjà Iseut approchait ; déjà la falaise de Penmarch surgissait au loin, et la nef cinglait plus joyeuse. Un vent d'orage grandit tout à coup, frappe droit contre la voile et fait tourner la nef sur elle-même. Les mariniers courent au lof[1], et contre leur gré virent en
165 arrière. Le vent fait rage, les vagues profondes s'émeuvent, l'air s'épaissit en ténèbres, la mer noircit, la pluie s'abat en rafales. Haubans et boulines[2] se rompent, les mariniers baissent la voile et louvoient[3] au gré de l'onde et du vent. Ils avaient, pour leur malheur, oublié de hisser à bord la barque amarrée à la poupe et
170 qui suivait le sillage de la nef. Une vague la brise et l'emporte.

Iseut s'écrie :

« Hélas ! chétive ! Dieu ne veut pas que je vive assez pour voir Tristan, mon ami, une fois encore, une fois seulement ; il veut que je sois noyée en cette mer. Tristan, si je vous avais parlé une fois
175 encore, je me soucierais peu de mourir après. Ami, si je ne viens pas jusqu'à vous, c'est que Dieu ne le veut pas, et c'est ma pire douleur. Ma mort ne m'est rien : puisque Dieu la veut, je l'accepte ; mais, ami, quand vous l'apprendrez, vous mourrez, je le sais bien. Notre amour est de telle guise que vous ne pouvez
180 mourir sans moi, ni moi sans vous. Je vois votre mort devant moi en même temps que la mienne. Hélas ! ami, j'ai failli à mon désir : il était de mourir dans vos bras, d'être ensevelie dans votre

passage analysé

notes ....

1. lof : bord du navire frappé par le vent.
2. haubans et boulines : cordages.

3. louvoient : avancent en zigzaguant.

cercueil; mais nous y avons failli. Je vais mourir seule, et, sans vous, disparaître dans la mer. Peut-être vous ne saurez pas ma
185 mort, vous vivrez encore, attendant toujours que je vienne. Si Dieu le veut, vous guérirez même… Ah! peut-être après moi vous aimerez une autre femme, vous aimerez Iseut aux Blanches Mains! Je ne sais ce qui sera de vous: pour moi, ami, si je vous savais mort, je ne vivrais guère après. Que Dieu nous accorde,
190 ami, ou que je vous guérisse, ou que nous mourions tous deux d'une même angoisse!»

Ainsi gémit la reine, tant que dura la tourmente. Mais, après cinq jours, l'orage s'apaisa. Au plus haut du mât, Kaherdin hissa joyeusement la voile blanche, afin que Tristan reconnût de plus
195 loin sa couleur. Déjà Kaherdin voit la Bretagne… Hélas! presque aussitôt le calme suivit la tempête, la mer devint douce et toute plate, le vent cessa de gonfler la voile, et les mariniers louvoyèrent vainement en amont et en aval, en avant et en arrière. Au loin, ils apercevaient la côte, mais la tempête avait emporté leur barque,
200 en sorte qu'ils ne pouvaient atterrir. À la troisième nuit, Iseut songea qu'elle tenait en son giron la tête d'un grand sanglier qui honnissait[1] sa robe de sang, et connut par là qu'elle ne reverrait plus son ami vivant.

Tristan était trop faible désormais pour veiller encore sur la
205 falaise de Penmarch, et depuis de longs jours, enfermé loin du rivage, il pleurait pour Iseut qui ne venait pas. Dolent et las, il se plaint, soupire, s'agite; peu s'en faut qu'il ne meure de son désir.

Enfin, le vent fraîchit et la voile blanche apparut. Alors, Iseut aux Blanches Mains se vengea.

note ....

1. honnissait: souillait (honnir, en ancien français, veut dire «déshonorer» ou «salir»; ici, salir, souiller).

210 Elle vient vers le lit de Tristan et dit :

« Ami, Kaherdin arrive. J'ai vu sa nef en mer : elle avance à grand'peine ; pourtant je l'ai reconnue ; puisse-t-il apporter ce qui doit vous guérir ! »

Tristan tressaille :

215 « Amie belle, vous êtes sûre que c'est sa nef ? Or, dites-moi comment est la voile.

– Je l'ai bien vue, ils l'ont ouverte et dressée très haut, car ils ont peu de vent. Sachez qu'elle est toute noire. »

Tristan se tourna vers la muraille et dit :

220 « Je ne puis retenir ma vie plus longtemps. » Il dit trois fois : « Iseut, amie ! » À la quatrième, il rendit l'âme.

Alors, par la maison, pleurèrent les chevaliers, les compagnons de Tristan. Ils l'ôtèrent de son lit, l'étendirent sur un riche tapis et recouvrirent son corps d'un linceul.

225 Sur la mer, le vent s'était levé et frappait la voile en plein milieu. Il poussa la nef jusqu'à terre. Iseut la Blonde débarqua. Elle entendit de grandes plaintes par les rues, et les cloches sonner aux moutiers, aux chapelles. Elle demanda aux gens du pays pourquoi ces glas[1], pourquoi ces pleurs.

230 Un vieillard lui dit :

« Dame, nous avons une grande douleur. Tristan le franc, le preux, est mort. Il était large[2] aux besogneux, secourable aux souffrants. C'est le pire désastre qui soit jamais tombé sur ce pays. »

Iseut l'entend, elle ne peut dire une parole. Elle monte vers le

235 palais. Elle suit la rue, sa guimpe déliée. Les Bretons s'émerveillaient à la regarder ; jamais ils n'avaient vu femme d'une telle beauté. Qui est-elle ? D'où vient-elle ?

passage analysé

notes

1. glas : son de la cloche que l'on tinte pour annoncer la mort de quelqu'un.

2. large : généreux.

Auprès de Tristan, Iseut aux Blanches Mains, affolée par le mal qu'elle avait causé, poussait de grands cris sur le cadavre. L'autre Iseut entra et lui dit :

«Dame, relevez-vous, et laissez-moi approcher. J'ai plus de droits à le pleurer que vous, croyez-m'en. Je l'ai plus aimé. »

Elle se tourna vers l'orient[1] et pria Dieu. Puis elle découvrit un peu le corps, s'étendit près de lui, tout le long de son ami, lui baisa la bouche et la face, et le serra étroitement : corps contre corps, bouche contre bouche, elle rend ainsi son âme ; elle mourut auprès de lui pour la douleur de son ami.

Quand le roi Marc apprit la mort des amants, il franchit la mer et, venu en Bretagne, fit ouvrir deux cercueils, l'un de calcédoine[2] pour Iseut, l'autre de béryl[3] pour Tristan. Il emporta sur sa nef vers Tintagel leurs corps aimés. Auprès d'une chapelle, à gauche et à droite de l'abside, il les ensevelit en deux tombeaux. Mais, pendant la nuit, de la tombe de Tristan jaillit une ronce verte et feuillue, aux forts rameaux, aux fleurs odorantes, qui, s'élevant par-dessus la chapelle, s'enfonça dans la tombe d'Iseut. Les gens du pays coupèrent la ronce : au lendemain elle renaît, aussi verte, aussi fleurie, aussi vivace, et plonge encore au lit d'Iseut la Blonde. Par trois fois ils voulurent la détruire ; vainement. Enfin, ils rapportèrent la merveille au roi Marc : le roi défendit de couper la ronce désormais.

Seigneurs, les bons trouvères[4] d'antan, Béroul et Thomas, et monseigneur Eilhart et maître Gottfried, ont conté ce conte pour

notes

1. vers l'orient : vers l'est, vers la ville de Jérusalem, tombeau du Christ.

2. calcédoine : minéral proche du quartz, semi-précieux et aux teintes blanchâtres ou colorées.

3. béryl : minéral proche du cristal, dont les variétés constituent des pierres précieuses (émeraude, aigue-marine).

4. trouvères : poètes de l'époque médiévale

qui récitaient leurs créations en langue d'oïl (nord de la France). Le terme «troubadour» désigne l'équivalent en langue d'oc (sud de la France).

tous ceux qui aiment, non pour les autres. Ils vous mandent par moi leur salut. Ils saluent ceux qui sont pensifs et ceux qui sont heureux, les mécontents et les désireux, ceux qui sont joyeux et ceux qui sont troublés, tous les amants. Puissent-ils trouver ici consolation contre l'inconstance, contre l'injustice, contre le dépit, contre la peine, contre tous les maux d'amour!

Test de première lecture

❶ Dans quels deux pays se déroule la majeure partie de l'action ?

❷ Pour quelle raison Blanchefleur a-t-elle nommé son fils Tristan ?

❸ Quel lien de parenté unit Tristan au roi Marc ?

❹ De quel attribut physique hors norme le Morholt est-il doué ?

❺ Qu'exige le Morholt au roi Marc en guise de tribut ?

❻ Comment Marc vient-il en possession d'un cheveu d'Iseut la blonde ?

❼ Quelle bête Tristan devra-t-il vaincre dès son arrivée en Irlande ?

❽ Qui prépare le philtre d'amour destiné à Marc et à Iseut ?

❾ Quel personnage remplace Iseut dans le lit nuptial ?

❿ Le nain Frocin apprend à Marc que les amants se rencontrent dans un verger non loin du château. Où le roi se cache-t-il pour entendre les propos des amants ?

⓫ Par quel stratagème pensé par Frocin arrive-t-on à découvrir que Tristan, la nuit venue, entre dans le lit de la reine ?

⓬ Ayant découvert le pot aux roses, Marc accorde à Iseut, d'abord promise au bûcher, la vie sauve. Pour mieux la punir, il la laisse entre les mains de gens gravement malades. De quelle maladie sont atteints ces gens ?

⓭ Dans la forêt du Morois, Marc découvre la cachette des amants et substitue à l'épée de Tristan et à la bague d'Iseut deux objets. Quels sont ces objets ?

⓮ De retour à la cour, Iseut doit surmonter une épreuve afin de prouver son innocence. En quoi consiste cette épreuve ?

⓯ Au pays de Galles, quel prix remporte Tristan après avoir défait le géant Urgan le Velu ?

⓰ Tristan se marie avec une seconde Iseut. Quel est son nom complet ?

⓱ De retour à la cour, Tristan se déguise en fou pour approcher Iseut. Par qui sera-t-il d'abord découvert ?

⓲ Lors de sa dernière aventure, Tristan est blessé à mort. Pourquoi les médecins n'arrivent-ils pas à le guérir ?

⓳ De quelle couleur est la voile de la nef qui transporte Iseut vers Tristan ?

⓴ Quel indice signale que l'amour qui unit Tristan et Iseut est plus fort que la mort ?

L'étude de l'œuvre

Quelques notions de base

En préliminaire :
quelques renseignements
sur le genre romanesque

Le roman est un genre littéraire de longueur variable, rédigé – aujourd'hui – en prose*, et où s'associent fiction et narration*. Il se distingue de la nouvelle par son envergure et par le nombre de péripéties* vécues par le ou les protagonistes. Il se différencie de la poésie par son absence de strophes, sa forme en prose et surtout par des préoccupations esthétiques distinctes. Enfin, il se démarque du théâtre par la présence d'un narrateur qui raconte l'histoire. Le narrateur du roman – que ce dernier soit omniscient, témoin ou participant – remplace en partie l'utilisation des dialogues, sur laquelle se fonde le théâtre. Du même coup, il décrit ce que le lecteur verrait s'il se trouvait lui-même dans l'intrigue. Ainsi, au théâtre, l'aspect visuel est assuré par le spectacle, alors que dans le roman, ce sont les descriptions du narrateur qui permettent au lecteur de s'imaginer une scène.

En ce qui concerne la place de l'imaginaire dans le roman, la majorité des auteurs recherchent un « effet de réel » plutôt que la peinture de la réalité dans son absolue vérité. Même les romans réalistes du XIXe siècle, ceux de Balzac ou de Flaubert qui campent leurs histoires dans un contexte réel et qui mettent l'accent sur la richesse des descriptions, ne sont jamais pleinement ancrés dans la réalité. La plupart de leurs personnages sont purement imaginaires, alors que les faits véridiques ont pour but de rendre la fiction crédible. Le romancier est un créateur, un maître de l'imaginaire, même s'il emprunte à la réalité.

*: *Cf.* Glossaire

Genre polymorphe* et polyvalent, le roman n'a cessé de se transformer depuis son apparition au XIIᵉ siècle, ce qui le rend difficile à définir. En dépit de ses nombreuses mutations au fil des siècles, le roman a su s'ancrer solidement dans le paysage littéraire pour devenir le genre dominant qu'il est aujourd'hui.

Notions relatives au roman au XIIᵉ siècle

Rédigé en octosyllabes* à rimes plates à ses débuts, puis en prose dès la fin du XIIᵉ siècle, le roman apparaît vers 1150 en Angleterre pour concurrencer les épopées françaises. Pour rivaliser avec la renommée de Charlemagne* et de ses barons dans les chansons de geste, les romanciers[1] racontent les aventures d'Arthur[2] et des chevaliers de la Table ronde.

En fait, la présence du roi Arthur*, qui incarne les valeurs courtoises et aristocratiques de son époque et surtout celles de ses célèbres chevaliers, contribue à l'essor du genre. Emblèmes de bonté, de largesse et de courage, ces guerriers à cheval incarnent un état idéal de la noblesse, et leurs aventures sont lues et relues dans les cours européennes durant tout le Moyen Âge.

---

1. Les premiers romans médiévaux, bien qu'originaires d'Angleterre, sont écrits en français dans le dialecte anglo-normand. En effet, le français, langue diplomatique au Moyen Âge, est parlé à la cour des souverains anglais depuis que le pays a été conquis en 1066 par Guillaume Iᵉʳ. La cour d'Henri II et d'Aliénor d'Aquitaine est particulièrement ouverte aux romanciers en provenance du continent, qui remercient souvent leurs hôtes en leur dédiant leurs œuvres.

2. Encore aujourd'hui, une controverse subsiste concernant les origines du roi Arthur. Certains affirment qu'il s'agit d'un personnage de légende n'ayant jamais existé ; d'autres allèguent qu'un chef de guerre romain du nom d'Arthur aurait protégé l'Angleterre des envahisseurs vers le Vᵉ siècle de notre ère.

   Reste que les auteurs du XIIᵉ siècle, Béroul et Thomas en l'occurrence, se sont inspirés de l'*Historia Regum Britanniæ (Chronique des rois d'Angleterre)* de Geoffroy de Monmouth, parue en 1133, et du *Roman de Brut* (v. 1155) par Robert Wace pour dépeindre le royaume britannique sous la tutelle d'Arthur.

* : *Cf.* Glossaire

Tableau des principaux genres littéraires au XIIᵉ siècle[3]

Chanson de geste	Poésie lyrique	Roman
Forme	**Forme**	**Forme**
• En vers	• En vers	• En vers
• Décasyllabes	• Vers variables	• Octosyllabes
• Laisses assonancées	• Strophes	
• Genre long	• Genre court	• Genre long
• Narrateur	• Pas de narrateur	• Narrateur
• Déclamée à haute voix	• Déclamée à haute voix	• Lu à haute voix et marques d'oralité
Contenu	**Contenu**	**Contenu**
• Modèles : Charlemagne et ses chevaliers	• Modèle : amant en souffrance	• Modèles : Arthur et ses chevaliers
• Héros dépersonnalisé, typé		• Héros personnalisé, plus humain
• Intérêt pour la collectivité	• Intérêt pour l'individu, mais typé	• Intérêt pour l'individu
• Intérêt pour l'histoire		• Intérêt pour l'imaginaire
• Décor : champ de bataille	• Décor restreint : cour	• Décor restreint : cour, jardin, forêt
	• Lyrisme (« je ») et épanchement des sentiments	• Emprunte à l'épopée* et au lyrisme
• Genre guerrier (pas de courtoisie)	• Amour courtois	• Amour courtois
• Absence de la femme	• Femme vue par le regard de l'homme	• Présence de la femme : ressort de l'intrigue
	• Préférence pour le désir amoureux plutôt que pour son assouvissement	• Présence du désir amoureux menant à son assouvissement
• Matière de France		• Matière de Bretagne* et antique
• Merveilleux « chrétien »		• Merveilleux

---

3. Noter que les genres littéraires se transforment et évoluent avec les époques. Les caractéristiques contenues dans le tableau ne sont applicables qu'aux genres du XIIᵉ siècle. Au XIIIᵉ siècle, le roman n'est déjà plus rédigé en vers, mais bien en prose.

* : Cf. Glossaire

Caractéristiques générales du roman courtois

La quête : Le roman courtois lie les aventures des preux chevaliers bretons à une quête, c'est-à-dire à une mission centrale au cours de laquelle le personnage est appelé à progresser moralement. L'objet de cette quête peut varier : un personnage disparu, un amour perdu, une identité, la gloire. Elle peut également prendre la forme d'une recherche spirituelle, et c'est le cas dans un récit comme le *Conte du Graal* de Chrétien de Troyes, où Perceval part à la découverte de la sainte coupe utilisée par le Christ durant la dernière Cène, et qui symbolise le christianisme.

- L'invention de la quête comme instrument narratif permet aux romanciers de concentrer l'action sur l'individu plutôt que sur la collectivité, ce qui constitue en soi une nouveauté.

- Dans le roman, le héros qui part à l'aventure a des motifs personnels de le faire : le chevalier courtois est appelé à progresser moralement grâce aux épreuves imposées par l'amante. C'est de son propre chef qu'il quitte la cour à la recherche d'aventures, même si la collectivité profite de ses faits et gestes quand il terrasse un dragon ou des chevaliers indignes.

L'amour : Par rapport à la chanson de geste, le roman accorde une part essentielle à l'amour. L'amour devient un des moteurs de l'intrigue romanesque, car ce sont ses sentiments pour l'amante qui poussent le héros à entreprendre une quête dont l'objectif est une progression sur l'échelle des valeurs courtoises. Dans le roman médiéval, le chevalier qui n'est pas amoureux est considéré comme porteur d'une tare.

La femme : La chanson de geste glorifie le chevalier français, insiste sur sa bravoure et sa force virile, alors que le roman accorde une importance à la femme, moteur de l'action chevaleresque. Lorsqu'elle impose une série d'épreuves qualifiantes à son amant, la femme lui permet de devenir à la fois un meilleur amoureux et une meilleure personne.

Le merveilleux : Le merveilleux, absent de la lyrique courtoise et de la chanson de geste, joue un rôle essentiel dans le roman au XIIe siècle. En route vers l'objet de sa quête, le chevalier tombe fréquemment sur des créatures fantastiques mettant son courage à rude épreuve. Le merveilleux répond à un attrait grandissant pour le surnaturel, de même qu'à un désir de réactualisation des êtres fabuleux des anciens contes celtiques. Ces êtres de l'autre monde, mis sur le chemin du héros, permettent à ce dernier de grandir en expérience et ainsi de cheminer vers sa quête. La fée, par exemple, nourrit le chevalier, l'équipe et le réconforte, tandis que son combat contre le géant contribue à sa formation chevaleresque.

Ce type de merveilleux où apparaissent fées, géants ou lutins est associé à ce que les historiens de la littérature ont appelé la « matière de Bretagne », ce fonds de légendes orales dont l'origine est celtique et sur lequel tout le cycle arthurien se fonde.

Ajoutons qu'il existe d'autres types de merveilleux, dont le merveilleux chrétien où des miracles s'opèrent par le truchement des saints, des anges, de la Vierge, de Dieu…

Que ce soit en l'assistant ou en l'éprouvant, la créature merveilleuse aide le chevalier à gagner en valeur, à devenir meilleur. Parfois un meilleur amant, parfois un meilleur combattant.

Caractéristiques spécifiques du roman courtois

- Illustration de la vie à la cour et des mœurs de la noblesse, avec une tendance à l'idéalisation.

- Priorité à deux types de valeurs, celles attribuées aux chevaliers (hardiesse, vaillance, etc.) et celles associées à la vie à la cour (distinction, élégance, etc.).

- Lecteur visé : auditeur (donc, influence de la culture orale) de milieu noble.

Quelques notions de base

- Personnages masculins privilégiés : le chevalier, avec les caractéristiques suivantes :
  - aspect héroïque, énergie virile ;
  - il se définit par ses armes, son armure, la possession d'une monture ;
  - mais aussi amant courtois, qui se définit par sa soumission à l'amante, à sa jeunesse, à sa beauté et à sa générosité.
- Personnages féminins privilégiés : la dame supérieure à l'amant :
  - inaccessible, mariée, elle oblige l'homme à se surpasser avant de se donner à lui ;
  - source de désir, elle doit en repousser l'actualisation pour faire progresser l'amant ;
  - beauté physique et parfaite distinction de mœurs : elle impose le respect.
- Organisation du texte : tendance au coq-à-l'âne dans la présentation des aventures, à la juxtaposition libre.
- Style influencé par l'oralité : interpellation du lecteur, présence du terme « écouter » lorsque le narrateur s'adresse au public, répétitions qui soulignent l'importance de la mémoire, musicalité dans le style.

L'étude de l'œuvre par partie (ou chapitre) en s'appuyant sur des extraits

Tristan et Iseut, le roman

Tristan et Iseut, Chapitre III, « La quête de la Belle aux cheveux d'or »

Premier extrait, pages 77 à 79, lignes 184 à 250

Étape préparatoire à la dissertation : compréhension du passage en tenant compte du contexte

❶ Situez l'extrait en procédant de la façon suivante :

a) résumez ce que le lecteur connaît des raisons qui expliquent l'état pitoyable dans lequel se trouve Tristan par les pages qui précèdent l'extrait ;

b) résumez l'extrait lui-même et l'intérêt de ce passage dans la compréhension du chapitre ;

c) résumez ce que le lecteur apprend de nouveau dans la suite du chapitre.

❷ Peut-on dire que le titre du chapitre trois est justifié, que Tristan apparaît à la hauteur de son rôle de chevalier et qu'Iseut joue celui d'une figure courtoise ?

❸ Montrez que cette partie du chapitre illustre les caractéristiques du roman courtois et que, par certains côtés, il s'en éloigne. Pour répondre à cette question, appuyez-vous sur le tableau des principaux genres littéraires médiévaux (p. 222) et sur les sections consacrées aux caractéristiques du roman courtois (p. 32 à 35).

❹ Cette partie du chapitre établit-elle l'attitude respective des protagonistes par rapport à la courtoisie ?

a) Comment peut-on définir leur relation ?

b) Cette scène est-elle révélatrice de la suite de l'histoire ?

c) Certains indices préparent-ils le dénouement du roman ?

d) Est-il possible de cerner les thèmes dominants qui vont orienter l'intrigue ?

❺ Analysez l'argumentation dans le plaidoyer* de Tristan (l. 216 à 233).

a) Formulez la thèse de sa défense en une ou deux phrases.

b) Dégagez ses principaux arguments en les formulant en vos mots.

c) Dressez le champ lexical de la mort. Comment sert-il à Tristan ?

d) Pourquoi peut-on dire que Tristan est un fin manipulateur, qu'il est expert en rhétorique* ?

❻ Iseut n'est d'abord pas convaincue par le discours de Tristan. Ce dernier, voyant qu'il ne l'a pas encore persuadée, change de ton et opte pour des arguments qui finiront par la convaincre (l. 241 à 247). Commentez la variation dans l'argumentation de Tristan.

❼ Dans un premier temps, Iseut réplique sans trop de vigueur à Tristan. Substituez-vous à elle pour proposer des arguments contraires à la défense du chevalier.

❽ Reportez-vous aux lignes 283 à 325 et montrez qu'Iseut s'est laissé berner par les « belles paroles » de Tristan.

.... **Vers la rédaction** ....

❾ Suivez les étapes proposées dans le but de rédiger une introduction qui conviendrait au sujet suivant :

« En vous appuyant sur l'extrait, prouvez que Tristan et Iseut illustrent les caractéristiques associées aux personnages courtois. »

a) Parmi les formulations suivantes, choisir celle qui pourrait le mieux convenir comme « sujet amené » :

* : *Cf.* Glossaire

    a. Depuis les débuts de la civilisation, l'homme a toujours recherché le grand amour, une passion inégalée qui survivrait même à la mort.

    b. Dans le roman *Tristan et Iseut*, le personnage de Tristan incarne un chevalier idéal, tandis que celui d'Iseut est une dame courtoise d'exception.

    c. Au Moyen Âge, les auteurs du XIIe siècle donnent naissance aux premiers romans courtois. Des couples célèbres comme Lancelot et Guenièvre, Yvain et Laudine, mais surtout Tristan et Iseut incarnent d'ailleurs ce nouvel art d'aimer.

    d. Le Moyen Âge est une période où la prééminence de l'Église se fait sentir dans tous les domaines de la société, en particulier dans la sphère littéraire.

b) Parmi les formulations suivantes, dégagez trois caractéristiques qui vous inspireront pour le « sujet divisé » :

    a. Tristan fait preuve de soumission à l'égard d'Iseut.

    b. Tristan excelle si bien dans l'art de la rhétorique qu'il manipule Iseut de façon à ce qu'elle lui laisse la vie sauve.

    c. Les deux personnages sont beaux physiquement.

    d. Iseut est socialement supérieure à Tristan.

    e. Iseut, pour préserver l'honneur de sa famille, menace Tristan de mort.

    f. Les deux personnages sont courtois l'un envers l'autre.

    g. Tristan se présente comme un combattant – habits, symboles, exploits.

c) Rédigez votre introduction en utilisant vos réponses précédentes de façon pertinente et en complétant le tout pour qu'on y retrouve les articulations suivantes, soit le « sujet amené », le « sujet posé » (accompagné du nom de l'auteur, du titre du roman, d'une courte présentation à la fois du roman et de l'extrait étudié) et le « sujet divisé ».

❿ Dans le chapitre deux, « Le Morholt d'Irlande », montrez que Tristan est le seul chevalier digne de ce nom dans l'entourage du roi Marc. Suivez la démarche ci-après pour chacun des paragraphes.

a) Formulez en ouverture la phrase-clé qui présente l'idée principale du paragraphe.

b) Présentez deux ou trois idées secondaires.

c) Illustrez ces idées par des citations ou des exemples (ces citations ou exemples doivent idéalement contenir un procédé stylistique – figure de style, champ lexical, tonalité littéraire, etc.).

d) Fermez le paragraphe par une phrase de clôture et de transition.

⓫ Retenez un des deux sujets (voir points 9 et 10) pour rédiger une dissertation complète.

⓬ Au moment de la révision, prévoyez des étapes successives :

a) Une première révision qui concerne le sens.

b) Une deuxième révision orthographique.

c) Et si possible, une dernière révision qui part de la fin du texte pour remonter vers le début.

❶ Situez et résumez l'extrait.

❷ Expliquez l'intérêt qu'il présente par rapport à ce qui précède et par rapport à ce qui suit, en tenant compte des questions suivantes :

   a) En quoi ce chapitre contribue-t-il à la connaissance que nous avons des personnages ?

   b) Qu'apporte-t-il de nouveau par rapport à l'histoire ?

   c) Quel événement vient modifier la relation entre les protagonistes ?

   d) Pourquoi cette relation est-elle bouleversée ?

❸ Comment peut-on analyser le personnage de Brangien ? Répondez en tenant compte des sous-questions suivantes et en apportant chaque fois des preuves à l'appui (exemples ou citations).

   a) Quel est son rôle dans la méprise des amants qui ont ingéré le philtre ?

   b) Est-elle responsable de cette méprise ?

   c) Comment décririez-vous son caractère ?

❹ Tout au long de cet extrait, quelles preuves a-t-on que les amants sont entièrement soumis au pouvoir magique du philtre d'amour ? Évaluez leurs chances de « survie » si l'on considère qu'ils évoluent dans un monde féodal où la notion de fidélité (amoureuse et à l'égard du roi) est centrale. Selon vous, est-il possible de prédire la fin du roman et le destin des amants dès l'ingestion du philtre ? Pourquoi ?

❺ Relevez tous les termes ou expressions relatifs aux conséquences de l'ingestion du philtre. Les passages relevés présentent-ils ces conséquences d'une manière positive ou négative pour les amants ? Comment peut-on décrire l'état des personnages principaux dès qu'ils ont bu la boisson herbée ?

❻ Tristan et Iseut sont-ils responsables de l'attirance qu'ils éprouvent l'un pour l'autre et du rapprochement qui clôt le paragraphe ?

Extrait, pages 86 à 89

Sont-ils coupables dans leurs intentions ? Sont-ils coupables en acte ? Ce point de vue peut-il varier selon que l'on se mette du côté des amants ou du côté du roi Marc ? Expliquez tout en nuançant votre point de vue.

❼ En vous appuyant non seulement sur cet extrait, mais sur tout le roman, que peut-on déduire de la vision des romanciers médiévaux à propos du mariage arrangé (de raison) ? Tenez compte des sous-questions suivantes pour vous faire une opinion. Le considèrent-ils comme :

a) Un moyen de faire la paix entre deux pays ?

b) Une institution faisant passer l'amour après les intérêts politiques ?

c) Une nuisance à l'amour véritable entre deux êtres ?

d) Un moyen de garder la flamme entre deux amants, une façon de préserver l'intensité du désir amoureux ?

e) Une épreuve à surmonter ?

f) Un gage d'engagement à vie ?

g) Un contrat entre des individus dont le but est de fonder une famille ?

.... **Vers la rédaction** ....

❽ Faites le plan d'une dissertation sur le sujet suivant :

« Analyser la représentation de l'amour dans cet extrait. » Pour élaborer votre développement, tenez compte des aspects suivants :

• Le destin inévitable des amants et leur mort annoncée.

• Le désir puissant des amants et leur souffrance d'aimer.

Tristan et Iseut, Chapitre XIX, « La mort »
Extrait, pages 212 à 215, lignes 172 à 260

Questionnaire sur le texte de Bédier

❶ Au chapitre quatre, Brangien s'était écriée : « Iseut, amie, et vous, Tristan, c'est votre mort que vous avez bue ! » Maintenant que l'on connaît l'issue du récit, commentez les paroles de Brangien. Ces paroles vous apparaissent-elles prophétiques, et pourquoi ?

❷ Dans les lignes 172 à 191, Iseut insiste sur l'un des effets du philtre : l'interdépendance.

    a) Citez les passages qui révèlent cet aspect.

    b) Relevez les figures de style suivantes liées au thème de la mort : périphrase, hyperbole, répétition, parallélisme, allégorie, antithèse.

    c) Quel est le summum de cette interdépendance amoureuse des amants ?

❸ Qu'est-ce qui provoque la mort de la reine Iseut ? Cette mort vous apparaît-elle naturelle ? Si l'on se replace dans le contexte de l'époque, qu'est-ce que cette façon de mourir révèle quant à la place de la femme dans la littérature médiévale ?

❹ En vous basant sur l'extrait, expliquez pourquoi la mort de Tristan et Iseut était inévitable.

❺ Cet extrait n'est pas que tragique. Commentez.

William Shakespeare, *Roméo et Juliette*, acte V, scène III (la mort des amants)

William Shakespeare (1564-1616) est sans contredit le plus illustre des auteurs de langue anglaise. Son œuvre, tant poétique que dramaturgique, a influencé des générations d'écrivains qui ont tenté d'égaler son génie polyvalent. Reconnu surtout pour ses pièces de théâtre anticonformistes, tragédies* ou comédies, Shakespeare est encore parmi les auteurs les plus joués mondialement. *Roméo et*

Lectures croisées

* : *Cf.* Glossaire

Juliette (1595) raconte l'histoire de deux jeunes amants qui vivent un amour tragique en raison de l'hostilité qui oppose leurs familles, les Capulet et les Montaigu.

L'extrait suivant fait partie du dernier acte. Promise à un autre soupirant par ses parents, Juliette boit une potion qui lui donne l'apparence de la mort. Roméo, qui n'a pas été mis au courant du stratagème, la croit morte…

PÂRIS, *tombant.* – Oh! je suis tué!... Si tu es généreux, ouvre le tombeau et dépose-moi près de Juliette. (*Il expire.*)

ROMÉO. – Sur ma foi, je le ferai. (*Se penchant sur le cadavre.*) Examinons cette figure: un parent de Mercutio, le noble comte Pâris! Que m'a donc dit mon valet? Mon âme, bouleversée, n'y a pas fait attention… Nous étions à cheval… Il me contait, je crois, que Pâris devait épouser Juliette. M'a-t-il dit cela, ou l'ai-je rêvé? Ou, en l'entendant parler de Juliette, ai-je eu la folie de m'imaginer cela? (*Prenant le cadavre par le bras.*) Oh! donne-moi ta main, toi que l'âpre adversité a inscrit comme moi sur son livre! Je vais t'ensevelir dans un tombeau triomphal… Un tombeau? oh! non, jeune victime, c'est un louvre splendide, car Juliette y repose, et sa beauté fait de ce caveau une salle de fête illuminée. (*Il dépose Pâris dans le monument.*) Mort, repose ici, enterré par un mort. Que de fois les hommes à l'agonie ont eu un accès de joie, un éclair avant la mort, comme disent ceux qui les soignent… Ah! comment comparer ceci à un éclair? (*Contemplant le corps de Juliette.*) Ô mon amour! ma femme! La mort qui a sucé le miel de ton haleine n'a pas encore eu de pouvoir sur ta beauté: elle ne t'a pas conquise; la flamme de la beauté est encore toute cramoisie sur tes lèvres et sur tes joues, et le pâle drapeau de la mort n'est pas encore déployé là… (*Allant à un autre cercueil.*) Tybalt! te voilà donc couché dans ton linceul sanglant! Oh! que puis-je faire de plus pour toi? De cette même main qui faucha ta jeunesse, je vais abattre celle de ton ennemi. Pardonne-moi, cousin. (*Revenant sur ses pas.*) Ah! chère Juliette, pourquoi es-tu si belle encore? Dois-je croire que le spectre de la Mort est amoureux et que l'affreux monstre décharné te garde ici dans les ténèbres pour te posséder?... Horreur! Je veux rester près de toi, et ne plus sortir de ce sinistre palais de la nuit; ici, ici, je veux rester avec ta chambrière, la vermine! Oh! c'est ici que je veux fixer mon éternelle demeure et soustraire au joug des étoiles ennemies cette chair lasse du monde… (*Tenant le corps embrassé.*) Un dernier regard, mes yeux! bras, une dernière étreinte! et vous, lèvres, vous, portes de l'haleine, scellez par un baiser légitime un pacte indéfini avec le sépulcre accapareur!

(*Saisissant la fiole.*) Viens, amer conducteur, viens, âcre guide. Pilote désespéré, vite ! lance sur les brisants ma barque épuisée par la tourmente ! À ma bien-aimée ! (*Il boit le poison.*) Oh ! l'apothicaire ne m'a pas trompé : ses drogues sont actives… Je meurs ainsi… sur un baiser ! (*Il expire en embrassant Juliette.*)

[…]

LAURENCE, *allant vers le tombeau.* — Roméo ! (*Dirigeant la lumière de sa lanterne sur l'entrée du tombeau.*) Hélas ! hélas ! quel est ce sang qui tache le seuil de pierre de ce sépulcre ? Pourquoi ces épées abandonnées et sanglantes projettent-elles leur sinistre lueur sur ce lieu de paix ? (*Il entre dans le monument.*) Roméo ! Oh ! qu'il est pâle !… Quel est cet autre ? Quoi, Pâris aussi ! baigné dans son sang ! Oh ! quelle heure cruelle est donc coupable de cette lamentable catastrophe ?… (*Éclairant Juliette.*) Elle remue ! (*Juliette s'éveille et se soulève.*)

JULIETTE. — Ô frère charitable, où est mon seigneur ? Je me rappelle bien en quel lieu je dois être : m'y voici… Mais où est Roméo ? (*Rumeur au loin.*)

LAURENCE. — J'entends du bruit… Ma fille, quitte ce nid de mort, de contagion, de sommeil contre nature. Un pouvoir au-dessus de nos contradictions a déconcerté nos plans. Viens, viens, partons ! Ton mari est là gisant sur ton sein, et voici Pâris. Viens, je te placerai dans une communauté de saintes religieuses ; pas de questions ! le guet arrive… Allons, viens, chère Juliette. (*La rumeur se rapproche.*) Je n'ose rester plus longtemps. (*Il sort du tombeau et disparaît.*)

JULIETTE. — Va, sors d'ici, car je ne m'en irai pas, moi. Qu'est ceci ? Une coupe qu'étreint la main de mon bien-aimé ? C'est le poison, je le vois, qui a causé sa fin prématurée. L'égoïste ! il a tout bu ! il n'a pas laissé une goutte amie pour m'aider à le rejoindre ! Je veux baiser tes lèvres : peut-être y trouverai-je un reste de poison dont le baume me fera mourir… (*Elle l'embrasse.*) Tes lèvres sont chaudes !

PREMIER GARDE, *derrière le théâtre.* — Conduis-nous, page… De quel côté ?

JULIETTE. — Oui, du bruit ! Hâtons-nous donc ! (*Saisissant le poignard de Roméo.*) Ô heureux poignard ! voici ton fourreau… (*Elle se frappe.*) Rouille-toi là et laisse-moi mourir ! (*Elle tombe sur le corps de Roméo et expire.*)

William Shakespeare, Roméo et Juliette, Flammarion, 1997, p. 90 à 92.

Questionnaire sur le texte de Shakespeare

❶ Résumez l'extrait en vos propres mots.

❷ À la seule lecture du passage, quels éléments permettent de déduire que *Roméo et Juliette* est une tragédie ?

❸ Établissez des similitudes entre cet extrait et celui de *Tristan et Iseut* en ce qui concerne:

a) Les sentiments amoureux des amants.

b) La façon dont ils meurent.

c) La responsabilité de l'entourage dans la mort des protagonistes.

d) L'impact du philtre ou du poison.

❹ En vous basant sur la citation suivante: « C'est le poison, je le vois, qui a causé sa fin prématurée. L'égoïste! il a tout bu! il n'a pas laissé une goutte amie pour m'aider à le rejoindre! Je veux baiser tes lèvres: peut-être y trouverai-je un reste de poison dont le baume me fera mourir... (*Elle l'embrasse.*) Tes lèvres sont chaudes! », peut-on dire que Juliette apparaît comme un double parfait d'Iseut?

❺ Peut-on affirmer que l'amour de Roméo et Juliette est plus puissant que la mort?

Marcel Dubé, *Zone*, extrait de la conclusion (réaction de Ciboulette à la mort de Tarzan)

Marcel Dubé (1930-) a révolutionné le monde du théâtre québécois grâce à ses pièces aux accents modernes, décrivant avec réalisme* une société soumise à maintes transformations sociales et politiques. Décrivant autant les bourgeois que les prolétaires, son œuvre colossale dépeint la culture québécoise et son évolution au fil des décennies de l'après-guerre.

La pièce *Zone* (1953) raconte l'histoire de cinq jeunes gens de la rue qui aspirent à s'élever dans la société en mettant sur pied un réseau de contrebande de cigarettes. L'extrait suivant clôt la pièce. Tarzan, qui a tué un douanier en voulant traverser la frontière illégalement, s'est fait encercler par la police. Arme à la main, il échange des coups de feu, mais est atteint par un projectile. Il meurt dans les bras de Ciboulette.

CIBOULETTE, *elle se jette sur lui* – Tarzan, pars, pars, c'était pas vrai ce que je t'ai dit, c'était pas vrai, pars, t'as une chance, rien qu'une sur cent c'est vrai, mais prends-la, Tarzan, prends-la si tu m'aimes... Moi je t'aime de toutes mes forces et c'est là où il reste un peu de vie possible que je veux t'envoyer... Je pourrais mourir tout de suite rien que pour savoir une seconde que tu vis.

* : *Cf.* Glossaire

TARZAN *la regarde longuement, prend sa tête dans ses mains et l'effleure comme au premier baiser* – Bonne nuit, Ciboulette.

CIBOULETTE – Bonne nuit, François... Si tu réussis, écris-moi une lettre.

TARZAN – Pauvre Ciboulette... Même si je voulais, je sais pas écrire. (*Il la laisse, escalade le petit toit et disparaît. Un grand sourire illumine le visage de Ciboulette.*)

CIBOULETTE – C'est lui qui va gagner, c'est lui qui va triompher... Tarzan est un homme. Rien ne peut l'arrêter : pas même les arbres de la jungle, pas même les lions, pas même les tigres. Tarzan est le plus fort. Il mourra jamais.

Coup de feu dans la droite.

CIBOULETTE – Tarzan !

Deux autres coups de feu.

CIBOULETTE – Tarzan, reviens !

Tarzan tombe inerte sur le petit toit. Il glisse et choit par terre une main crispée sur son ventre et tendant l'autre à Ciboulette. Il fait un pas et il s'affaisse. Il veut ramper jusqu'à son trône mais il meurt avant.

CIBOULETTE – Tarzan !

Elle se jette sur lui. Entre Roger, pistolet au poing. Il s'immobilise derrière les deux jeunes corps étendus par terre. Ciboulette pleure. Musique en arrière-plan.

CIBOULETTE – Tarzan ! Réponds-moi, réponds-moi... C'est pas de ma faute, Tarzan... c'est parce que j'avais tellement confiance... Tarzan, Tarzan, parle-moi... Tarzan, tu m'entends pas ?... Il m'entend pas... La mort l'a pris dans ses deux bras et lui a volé son cœur... Dors mon beau chef, dors mon beau garçon, coureur de rues et sauteur de toits, dors, je veille sur toi, je suis restée pour te bercer... Je suis pas une amoureuse, je suis pas raisonnable, je suis pas belle, j'ai des dents pointues, une poitrine creuse... Et je savais rien faire ; j'ai voulu te sauver et je t'ai perdu... Dors avec mon image dans ta tête. Dors, c'est moi Ciboulette, c'est un peu moi ta mort... Je pouvais seulement te tuer et ce que je pouvais, je l'ai fait... Dors... (*Elle se couche complètement sur lui.*)

Fin de la pièce.

RIDEAU

Marcel Dubé, *Zone*, Leméac Éditeur, 1997, p. 150 à 152.

Questionnaire sur le texte de Dubé

❶ Expliquez la présence des points de suspension dans les paroles suivantes de Ciboulette : « Tarzan ! Réponds-moi, réponds-moi...

C'est pas de ma faute, Tarzan... c'est parce que j'avais tellement confiance... Tarzan, Tarzan, parle-moi... Tarzan, tu m'entends pas?... Il m'entend pas... La mort l'a pris dans ses deux bras et lui a volé son cœur... »

❷ Citez quelques passages qui prouvent la force de l'amour qui unit Tarzan et Ciboulette.

❸ Dans cet extrait, peut-on dire que Ciboulette permet au personnage masculin de s'élever dans l'échelle des valeurs ou de le lancer dans l'aventure, rôle propre à la femme dans la littérature courtoise? Justifiez votre réponse.

❹ À votre avis, les paroles de Ciboulette trahissent-elles sa jeunesse et pourquoi?

❺ Physiquement, en quoi Ciboulette se distingue-t-elle d'Iseut et de Juliette? Expliquez votre réponse.

❻ À la lecture de l'extrait, est-il juste d'affirmer que la vie de Ciboulette est aussi tragique que celles d'Iseut et de Juliette?

.... **Vers la rédaction** ....

Sujet: Dans ces trois extraits, il est juste d'affirmer que la société est responsable du malheur des amoureux.

- Appliquez-vous à rédiger votre texte en suivant les règles de la dissertation.

En outre, tenez compte des conseils suivants:

- **En introduction,** n'oubliez pas de présenter les extraits et de les résumer.

- **Pour le développement:** pour répondre à la question, tentez d'élaborer un point de vue nuancé, c'est-à-dire qui pèse le pour et le contre. Ainsi, on peut être d'accord avec l'énoncé de la question concernant un aspect, mais faire valoir un point de vue différent par rapport à un tout autre aspect.

- **En conclusion,** présentez une synthèse de *votre argumentation* en rappelant vos grandes idées et en répondant clairement à la question posée.

Tristan et Iseut, Chapitre VIII, « Le saut de la chapelle »

Extrait, pages 116 à 120, lignes 62 à 167

❶ Situez l'extrait et expliquez les conséquences des actions des personnages sur la suite de l'histoire.

❷ Montrez que Tristan excelle dans l'art de la rhétorique. De quelle astuce use-t-il pour convaincre les gardes de le laisser seul quelques instants ?

❸ Relevez le champ lexical principal de cet extrait. Que traduit-il des valeurs de Tristan ou de l'époque ?

❹ Relevez les marques de ponctuation et l'effet visé dans les lignes 94 à 97.

❺ Comment cette scène contribue-t-elle à nous faire comprendre que, pour l'auteur, les amants ne sont pas méprisables en dépit de leur tromperie.

❻ Relevez les passages qui permettent de constater que les amants ne sont pas rejetés par Dieu.

❼ Tristan est un chevalier paradoxal, car il est tout à la fois courageux et manipulateur. Commentez.

.... **Vers la rédaction** ....

❽ En vous appuyant sur l'extrait proposé, montrez que Dieu est un personnage à part entière dans *Tristan et Iseut*.

Tristan et Iseut, Chapitre X, « L'ermite Ogrin »

Dernier extrait, pages 135 à 138, lignes 1 à 79

❶ Dans cet extrait, Tristan affirme : « Nous pardonner ? Qui donc pourrait, sans s'avilir, remettre un tel forfait ? Non, il [Marc] n'a point pardonné, mais il a compris » (l. 9 à 11). Commentez ces paroles en expliquant pourquoi Tristan précise que Marc ne pourrait pas leur pardonner sans s'avilir.

❷ Relevez des passages qui signalent que Tristan aime véritablement Marc.

❸ Cet extrait contient plusieurs points d'interrogation. Quelle(s) émotion(s) ce procédé révèle-t-il chez Tristan ?

❹ Quelles sont les principales motivations de Tristan pour rendre Iseut à Marc ?

❺ Quelles sont les principales motivations d'Iseut pour retourner auprès de l'ermite Ogrin ?

❻ À la fin de l'extrait, le narrateur précise que les amants cheminent vers l'ermite « sans une parole ». Comment expliquer ce mutisme ?

❼ Peut-on dire que Tristan et Iseut sont conscients des méfaits qu'ils commettent en s'aimant ? Quels passages nous le révèlent ?

❽ Montrez que, dans cette scène, le devoir l'emporte sur l'amour.

❾ À votre avis, cet effort de séparation pouvait-il perdurer ? Dites pourquoi.

L'étude de l'œuvre dans une démarche plus globale

La démarche proposée ici peut précéder ou suivre l'analyse par extrait. Elle entraîne une connaissance plus synthétique de l'œuvre, elle met l'accent sur la compréhension du récit complet. Les deux démarches peuvent être exclusives ou complémentaires.

Il est possible de scinder le roman en cinq parties qui correspondent aux actions principales.

Partie 1 : de l'enfance de Tristan (chap. 1) à l'ingestion du philtre d'amour (chap. 4)

Partie 2 : de la vie à la cour (chap. 5) à la découverte du secret (chap. 8)

Partie 3 : de la fuite dans la forêt du Morois (chap. 9) au retour à la cour (chap. 13)

Partie 4 : de la rencontre avec Iseut aux Blanches Mains (chap. 14) à la blessure mortelle de Tristan (chap. 18)

Partie 5 : la mort des amants (chap. 19)

Pour chacune des cinq parties du roman, suivre la démarche ci-dessous qui tient compte des composantes du genre romanesque, soit :

    a) la narration ;

    b) les personnages ;

    c) la thématique ;

    d) l'organisation, le style et la tonalité du récit.

Narration

❶ Faites le résumé de chacune des parties du roman en tenant compte des questions suivantes :

    a) **Qui ?** C'est-à-dire quels sont les personnages présents ici ? Quels sont ceux qui les aident dans leur quête (adjuvants) et ceux qui s'opposent à celle-ci (opposants) ?

b) **Quoi?** Qu'apprend-on sur eux? Que font-ils? Quel est l'état de leurs relations?

c) **Quand? Et où?** Quelle est la situation exposée et dans quel contexte?

d) **Comment?** Quelles relations s'établissent entre les personnages?

e) **Pourquoi?** Quel est l'objet de leur quête? Quels moyens utilisent-ils pour atteindre leur but?

Personnages

Les personnages principaux

❶ Au fil du roman, comment évoluent les personnages principaux, soit Tristan et Iseut? Quel portrait peut-on en faire?
Pour répondre à ces questions, suivez cette démarche:

a) Déduisez la description de Tristan et Iseut relativement aux aspects suivants:

   a. physique;

   b. psychologique;

   c. les valeurs associées à leur situation sociale;

   d. leurs croyances générales.

b) Tenez compte dans chaque partie des questions suivantes:

   a. Que pense chacun d'eux?

   b. Que font-ils?

   c. Comment se comportent-ils avec les autres personnages? Où se situent-ils l'un par rapport à l'autre et dans leurs liens avec les autres personnages?

   d. Comment évoluent-ils d'une partie à l'autre? Qu'apprend-on de nouveau en général par rapport à eux?

❷ Dans la construction du personnage, quel semble être l'effet visé sur le lecteur? La réponse à cette question est particulièrement intéressante tant dans le cas de Tristan que dans celui d'Iseut. Ces deux personnages, qui dérogent aux règles féodales, méritent-ils la pitié du lecteur?

a) Lesquelles des caractéristiques suivantes, souvent associées au chevalier, s'appliquent à Tristan ?

   a. Courageux.

   b. Loyal.

   c. Généreux.

   d. Courtois.

   e. Noble.

   Justifiez vos choix.

b) Lesquelles des caractéristiques suivantes, souvent associées à la dame courtoise, s'appliquent à Iseut ?

   a. Beauté.

   b. Classe sociale supérieure.

   c. Mariée.

   d. Dominante dans la relation.

   e. Ne se donne pas aisément.

   Justifiez vos choix.

c) Comment ces caractéristiques arrivent-elles à nous faire comprendre que Tristan et Iseut ne sont pas un couple parfaitement courtois ?

d) Montrez que Tristan est à la fois un héros et un antihéros.

e) Montrez qu'Iseut n'est pas le modèle idéal de dame courtoise.

Les personnages secondaires

❶ Au fil du roman, indiquez quels rôles sont attribués aux nombreux personnages secondaires, soit :

a) Partie 1 (chap. 1 à 4) : Blanchefleur, Rohalt, Gorvenal, Marc, le Morholt, les barons, la reine d'Irlande, Brangien ;

b) Partie 2 (chap. 5 à 8) : Brangien, les barons, Frocin, Gorvenal ;

c) Partie 3 (chap. 9 à 13) : Ogrin, Marc, Orri, Artur, Perinis ;

d) Partie 4 (chap. 14 à 18) : Urgan le Velu, Kaherdin, Riol, Iseut aux Blanches Mains, Dinas de Lidan ;

e) Partie 5 (chap. 19) : Bedalis, Kaherdin, Iseut aux Blanches Mains, Marc.

❷ Indiquez les personnages qui semblent avoir été retenus pour représenter les groupes sociaux suivants :

a) les chevaliers ;

b) les dames ;

c) les félons ;

d) les nobles ;

e) les non-nobles.

❸ Quelles valeurs ou caractéristiques principales (loyauté, déloyauté, richesse, beauté, etc.) sont propres à chacun de ces groupes sociaux ?

❹ Quel(s) effet(s) produit chaque personnage du roman sur le lecteur ? Tenez compte des possibilités suivantes et justifiez votre réponse :

a) la pitié ;

b) le respect ou l'indifférence ;

c) la colère ;

d) la compassion ;

e) l'admiration ;

f) le dégoût, etc.

Thématique

❶ Parmi les éléments suivants, dégagez les réseaux thématiques qui semblent prédominer dans chacune des parties du roman :

a) courage, honneur et chevalerie ;

b) amour et mensonge ;

c) passion mortelle et trahison ;

d) religion, justice et secret ;

e) mariage, prouesse et dissimulation.

Justifiez votre choix.

Organisation du roman, style et tonalité

❶ La première partie du roman (chapitres 1 à 4) correspond-elle aux caractéristiques suivantes de la situation initiale ?

a) Fournir des indices sur l'état des personnages (classe sociale, situation).

b) Situer le lieu et l'époque.

c) Présenter les personnages comme vivant dans une certaine stabilité.

d) Évoquer une rupture possible de cette stabilité (élément déclencheur).

Expliquez votre réponse.

❷ Quel est l'élément déclencheur ?

❸ Citez quelques péripéties provoquées par cet élément déclencheur.

❹ Ces péripéties convergent-elles vers la résolution du problème ? Pourquoi ?

❺ Par rapport à la situation finale :

a) Peut-on dire qu'elle permet un retour à une certaine stabilité ?

b) La conclusion était-elle prévisible ?

c) Comment se soldent les péripéties pour les héros ?

d) Sont-ils vraiment punis pour l'amour qu'ils éprouvent ?

e) S'agit-il d'une fin uniquement tragique ?

f) Étant donné que les récits courtois sont très populaires dans les cours princières d'Europe au XIIe siècle, peut-on dire que les auteurs de *Tristan et Iseut* avaient une visée pédagogique ?

❻ *Tristan et Iseut* vous apparaît-il comme un modèle de roman qui suit à la lettre les cinq parties de la structure du récit (situation initiale, élément déclencheur, péripéties, résolution du problème et situation finale) ? Justifiez votre réponse.

Sujets d'analyse et de dissertation

Plusieurs pistes d'analyse portant sur l'œuvre complète sont maintenant accessibles, et certaines plus faciles à emprunter que d'autres. Pour favoriser votre progression vers le plan, les premiers sujets ont été partiellement planifiés (comme suggestion d'exercices : compléter ou détailler ces plans) ; en revanche, les derniers sujets laissent toute la place à l'initiative personnelle.

❶ Montrez que Tristan possède certains attributs d'un chevalier courtois exemplaire.

Esquisse de plan pour le développement.

Introduction

Sujet amené : puisez une idée dans le contexte sociohistorique ou littéraire du Moyen Âge ;

Sujet posé : reformulez le sujet en situant le rôle et l'importance de Tristan dans le roman ;

Sujet divisé : annoncez les idées directrices des trois paragraphes du développement.

Développement

- Dans le premier paragraphe, relevez les caractéristiques physiques qui font de Tristan un modèle de chevalerie.
- Dans le deuxième paragraphe, relevez les caractéristiques psychologiques et morales qui font de Tristan un modèle de chevalerie.
- Dans le troisième paragraphe, relevez des caractéristiques qui font de Tristan un amoureux idéal.

Conclusion

- Idée synthèse : revenez sur les idées principales en précisant ce qu'il faut retenir de chacun des paragraphes, tout en maintenant l'intérêt du lecteur.

- Idée ouverture : montrez l'importance des chevaliers dans la littérature médiévale. Trouvez d'autres chevaliers célèbres comparables à Tristan.

❷ Montrez que le roman *Tristan et Iseut* se rapproche de la tragédie.

Voici quelques sous-questions pour vous aider à dégager des idées directrices :

- À quelle classe sociale appartiennent les protagonistes ?
- Les personnages sont-ils soumis au destin ?
- Les personnages ont-ils la possibilité de vivre librement leur amour ?
- Quelle est l'issue des choix faits par les personnages ?
- La souffrance est-elle présente ?
- La ponctuation exprime généralement quelles émotions ?
- Quels sont les champs lexicaux ou les réseaux thématiques privilégiés ?

❸ Expliquez en quoi Tristan et Iseut sont les jouets du destin.

❹ Montrez que Dieu protège les amants en dépit de l'adultère qu'ils commettent.

❺ Montrez la véracité de l'affirmation suivante : « Brangien est une amie idéale pour Iseut. »

❻ Expliquez en quoi l'amour-passion constitue à la fois une bénédiction et une malédiction.

❼ Montrez que l'univers du roi Marc est mal en point.

❽ Dans *Tristan et Iseut*, le merveilleux est-il favorable ou défavorable aux amants ?

❾ Montrez l'influence de la chanson de geste et celle de la poésie lyrique sur le roman *Tristan et Iseut*.

❿ Expliquez pourquoi le roman *Tristan et Iseut* est représentatif de son époque.

Glossaire

Pour étudier *Tristan et Iseut* : lexique de base et autres termes

Anglo-normand : dialecte de l'ancien français parlé au Moyen Âge par la cour anglaise, depuis l'accession au trône de Guillaume le Conquérant, un Français originaire de Normandie (1066).

Arthur : le roi Arthur est le personnage central des plus importants récits écrits en Angleterre depuis le XIIe siècle. Il est le pendant anglais de Charlemagne, une figure royale qui cristallise plusieurs valeurs propres à la noblesse : courage, loyauté, bonté.

Avatar : incarnation, personnification. Dans la religion hindouiste, les avatars sont les diverses incarnations d'un dieu.

Celtique : les Celtes sont un peuple, riche de mythes et de coutumes, ayant vécu dans l'Antiquité. Ils occupent toute l'Europe occidentale et centrale au cours du 1er millénaire avant notre ère. Guerriers et polythéistes, les Celtes sont à l'origine de légendes qui se transmettent oralement jusqu'au XIIe siècle, et que les auteurs anglais adaptent aux premiers romans.

Chanson de geste : genre littéraire apparu au XIe siècle et inspiré de l'épopée antique ayant pour but la mise en valeur des chevaliers français dans le cadre des guerres saintes qui les opposent généralement aux Sarrasins, c'est-à-dire les Arabes.

Charlemagne : empereur des Francs, ancêtres des Français, couronné en 800. Les premières chansons de geste incarnent Charlemagne comme un modèle de chevalerie.

Clerc : personne qui a fait des études et qui appartient à l'élite intellectuelle, car elle sait lire et écrire (au Moyen Âge, la majorité de la population est illettrée). Le clerc ne relève pas obligatoirement du clergé et n'est pas toujours prêtre.

Courtoisie : art d'aimer qui se développe au sein des textes du XIIe siècle et qui accorde une supériorité à la dame sur le chevalier.

Épopée : long poème qui raconte les exploits d'un héros ou d'un peuple. Avec l'*Iliade* et l'*Odyssée*, le poète antique Homère est considéré comme le père de l'épopée.

Hagiographie : rédaction des vies des saints.

Joï : concept courtois désignant le point culminant du désir amoureux. Une fois le *joï* atteint, le désir pour l'aimé(e) décroît. Les auteurs courtois insistent donc sur l'importance de retarder l'accomplissement du désir. Théoriquement, l'amour courtois est chaste.

Lyrisme : moyen d'expression des sentiments personnels de manière exaltée. La poésie lyrique privilégie des thèmes liés aux émotions : amour, mort, communion avec la nature. L'objectif est de remuer les passions.

Matière de Bretagne : ensemble des textes médiévaux écrits à partir du XIIe siècle et qui tournent autour de la figure du roi Arthur et des chevaliers de la Table ronde.

Minotaure : selon la légende grecque, le Minotaure était un monstre fabuleux à corps d'homme et à tête de taureau, vivant dans un labyrinthe et réclamant, tous les neuf ans, quatorze jeunes gens (garçons et filles) qu'il dévorait. Thésée tua le Minotaure et parvint à s'échapper du labyrinthe, guidé par le fil que lui avait remis Ariane.

Narration : récit qui comprend une ou plusieurs actions. Le narrateur est celui qui raconte l'histoire.

Octosyllabe : vers de huit pieds, de huit syllabes.

Parangon : modèle.

Péripétie : rebondissement de l'action.

Plaidoyer : discours prononcé pour défendre une cause.

Polymorphe : qui prend plusieurs formes.

Prose : forme ordinaire de l'expression langagière. La prose s'oppose au vers, assujetti à un rythme et à une forme régulière (la rime par exemple).

Réalisme : courant littéraire du XIXe siècle, qui cherche à décrire la réalité le plus fidèlement possible, au moyen de descriptions minutieuses.

Rhétorique : art de convaincre.

Tragédie : œuvre théâtrale qui met en scène des personnages de haute naissance assaillis par le destin, et qui se solde généralement par la mort d'un ou de plusieurs protagonistes. Elle s'oppose à la comédie.

Troubadours et trouvères : noms donnés aux poètes chanteurs parcourant les routes de France pour réciter leurs compositions. Le terme « troubadour » s'applique à ceux œuvrant dans la moitié sud de la France, celui de « trouvère » désigne les poètes originaires du nord.

Bibliographie, filmographie

Bibliographie

– Carla Casagrande, « La femme gardée », dans *Histoire des femmes en Occident. Le Moyen Âge* (sous la direction de Christiane Klapisch-Zuber), Paris, Plon, 1991.

– *Dictionnaire du Moyen Âge. Histoire et société*, Paris, Encyclopédie Universalis et Albin Michel, 1997.

– Georges Duby et Michelle Perrot, *Histoire des femmes en Occident. Le Moyen Âge*, Paris, Plon, 1991.

– Robert Dumas, « Le tissu, le fil et l'entrelacs », dans *Analyses et réflexions sur Tristan et Iseut. La passion amoureuse*, Paris, Ellipses, 1991.

– Claudia Opitz, « Contraintes et liberté », dans *Histoire des femmes en Occident. Le Moyen Âge* (sous la direction de Christiane Klapisch-Zuber), Paris, Plon, 1991.

– Daniel Poirion, *Précis de littérature française du Moyen Âge*, Paris, PUF, 1983.

– Céline Thérien, *Anthologie de la littérature d'expression française*, Montréal, CEC, 2006, Tome 1.

– *Tristan et Iseut. Les poèmes français. La saga norroise*, Paris, Le Livre de poche, 1989.

Filmographie

– *L'Éternel retour*, Jean Delannoy (écrit par Jean Cocteau), 1943.
– *Tristan et Iseut*, Thierry Schiel (film d'animation), 2002.
– *Tristan et Yseult*, Kevin Reynolds, 2006.

Crédits photographiques

Dans la même collection

MOLIÈRE
Dom Juan

RACINE
Phèdre

VOLTAIRE
Candide